© 2016 ZS Verlag GmbH
Kaiserstraße 14 b
D-80801 München

ISBN 978-3-89883-527-5
1. Auflage 2016

Projektleitung	Eva-Maria Hege
Rezepte	Martin Kintrup
Lektorat	Martina Solter, Katinka Holupirek
Grafische Gestaltung	Irene Schulz
Fotografie	Wolfgang Schardt
Assistenz	Janet Hesse
Foodstyling	Roland Geiselmann
Herstellung	Peter Karg-Cordes
Producing	Jan Russok
Druck & Bindung	L.E.G.O., Vicenza

Die ZS Verlag GmbH ist ein Unternehmen der Edel AG, Hamburg.
www.zsverlag.de | www.facebook.de/zsverlag

BURGER
★ GOLD ★

**Mit Fotos
von Wolfgang Schardt**

INHALT

LIEBE LESER,

kreatives Streetfood mit Attitude ist die kulinarische Neuentdeckung der letzten Jahre! Dazu gehört auch die Renaissance des Burgers. Mit feinsten Pattys, knusprigen, aber soften Buns, würzigen Saucen und allerlei verführerischen Extras hat er sich vom kulinarischen Schmuddelkind zum lifestyligen Trendfood gemausert: Burger sind das neue It-Peace auf dem Teller!

Fastfood-Ketten mit ihren labberigen Burger-Imitaten können mir gestohlen bleiben – Selber-Burgern ist angesagt! Ich liebe es einfach, mir wie ein Architekt Schicht für Schicht einen neuen, großartigen Burger zu bauen. Denn Homemade-Burger aus besten Zutaten sind eine echte Offenbarung. Das fängt beim Brötchen, dem „Bun", und selbst gewolften Pattys an und hört bei den Saucen, Beilagen und Salaten auf. In meinen Rezepten ist alles handgemacht – und das schmeckt man!

Neben den Einflüssen der amerikanischen Barbecue- und Diner-Kultur lasse ich mich beim „Burgerbau" inzwischen auch gerne von der mediterranen, orientalischen und asiatischen Küche inspirieren. Neuzugänge wie Pesto, Hummus oder Algensalat machen die Burgerwelt noch bunter, würziger und abwechslungsreicher.

Ob mit Rindfleisch, Pulled Pork, Fisch, Käse, vegetarisch oder auch vegan: Für mich ist jeder Burger mit Liebe zum Detail ein kleines Kunstwerk. Mit meinen 40 fantasievollen Burgerrezepten, dazu genauso vielen Buns, Pattys, Saucen, Beilagen und Salaten werden auch Sie im Handumdrehen zum „Burgermeister".

Viel Spaß beim Selber-Burgern wünscht

BASICS

⋆ BUNS, PATTYS & CO. ⋆

· BASIC BUNS ·

❯ In einer Rührschüssel 50 ml Milch mit 150 ml warmem Wasser und dem Zucker mischen. Die Hefe darin auflösen und 5 bis 10 Minuten gehen lassen, bis sie Blasen wirft (Foto 1).

❯ Mehl und 1 TL Salz mischen. Mit 1 Ei und der Butter zur Hefemischung geben. Mit den Knethaken des Handrührgeräts oder in der Küchenmaschine 5 bis 7 Minuten zu einem geschmeidigen Teig kneten (Foto 2). An einem warmen Ort zugedeckt 1 Stunde gehen lassen.

❯ Ein Backblech mit Backpapier belegen. Den Teig erneut durchkneten und in 8 Portionen teilen. Die Teigportionen mit eingeölten Händen zu Kugeln formen und in großem Abstand auf das Blech setzen (Foto 3). Übriges Ei mit der restlichen Milch verquirlen, die Brötchen damit bestreichen und nach Wunsch bestreuen (Foto 4; siehe Tipp). Noch einmal etwa 40 Minuten gehen lassen.

❯ Den Backofen auf 200 °C vorheizen. Die Buns im Ofen auf der mittleren Schiene 15 Minuten goldbraun backen. Aus dem Ofen nehmen und abkühlen lassen.

Zutaten für 8 Buns

- ❯ 60 ml Milch
- ❯ 2 EL Zucker
- ❯ ½ Würfel Hefe (21 g)
- ❯ 400 g Mehl
- ❯ Salz

- ❯ 2 Eier (Gr. M)
- ❯ 60 g weiche Butter
- ❯ Öl zum Formen
- ❯ Topping nach Wahl (siehe Tipp)

· VOLLKORN-BUNS ·

➤ In einer Rührschüssel 50 ml Milch mit 150 ml warmem Wasser, Gerstenmalz und Zucker mischen. Hefe darin auflösen und 5 bis 10 Minuten gehen lassen, bis sie Blasen wirft.

➤ Mehl mit Chiasamen, Sonnenblumenkernen und 1 TL Salz mischen. Mit 1 Ei und Butter zur Hefemischung geben. Alles mit dem Handrührgerät oder in der Küchenmaschine 5 bis 7 Minuten zu einem geschmeidigen Teig kneten. An einem warmen Ort zugedeckt 1 Stunde gehen lassen.

➤ Teig erneut durchkneten, mit eingeölten Händen daraus 8 Kugeln formen und in großem Abstand auf ein mit Backpapier belegtes Blech setzen. Übriges Ei mit restlicher Milch verquirlen, Brötchen damit bestreichen und nach Wunsch bestreuen (z.B. mit Chiasamen, Sonnenblumenkernen und Haferflocken). Noch einmal etwa 40 Minuten gehen lassen.

➤ Backofen auf 200 °C vorheizen. Buns im Ofen auf der mittleren Schiene 17 Minuten backen. Herausnehmen, abkühlen lassen.

· VEGAN BUNS ·

➤ In einer Rührschüssel die lauwarme Sojamilch mit dem Zucker mischen. Hefe darin auflösen und 5 bis 10 Minuten gehen lassen, bis sie Blasen wirft.

➤ Mehl, Seitanpulver, 1 TL Salz und 1 Mini-Prise Kala Namak mischen. Mit Kokosöl zur Hefemischung geben. Mit dem Handrührgerät oder in der Küchenmaschine 5 bis 7 Minuten zu einem geschmeidigen Teig kneten. An einem warmen Ort zugedeckt 1 Stunde gehen lassen.

➤ Den Teig erneut durchkneten. Mit eingeölten Händen daraus 8 Kugeln formen und in großem Abstand auf ein mit Backpapier ausgelegtes Backblech setzen. Brötchen mit Sojajoghurt bestreichen und nach Wunsch bestreuen. Noch einmal etwa 40 Minuten gehen lassen.

➤ Den Backofen auf 200 °C vorheizen. Die Buns im Ofen auf der mittleren Schiene 15 Minuten backen. Aus dem Ofen nehmen und abkühlen lassen.

Zutaten für je 8 Buns

Für die Vollkorn-Buns:
➤ 60 ml Milch • 40 g flüssiges Gerstenmalz (aus dem Bio-Laden)
➤ 1 EL Zucker • ½ Würfel Hefe (21 g)
➤ 400 g Vollkornweizenmehl
➤ 2 EL Chiasamen • 2 EL Sonnenblumenkerne
➤ Salz • 2 Eier (Gr. M) • 60 g weiche Butter
➤ Öl zum Formen • Topping nach Wahl

Für die Vegan Buns:
➤ 350 ml Sojamilch • 2 EL Zucker
➤ ½ Würfel Hefe (21 g) • 400 g Mehl
➤ 50 g Seitanpulver (Reformhaus oder Bio-Laden)
➤ Salz • Kala Namak (indisches Schwefelsalz)
➤ 60 g Kokosöl (geschmolzen)
➤ Öl zum Formen • 2 EL Sojajoghurt
➤ Topping nach Wahl (z.B. Quinoa, Chiasamen)

· LAUGEN-BURGELS ·

> Zutaten wie links beschrieben verarbeiten, gehen lassen, zu 8 Kugeln formen, auf ein mit Backpapier und geölter Frischhaltefolie belegtes Backblech legen. Nochmals 30 Minuten gehen lassen.

> 1,5 l Wasser bis zum Siedepunkt erhitzen. Nach und nach Natron dazugeben, jeweils aufschäumen lassen (Nicht alles auf einmal dazugießen!). Mit zwei geölten Messerstielen kreisförmige Öffnungen in die Brötchen drücken, etwas größer ziehen.

> Ab jetzt Küchenhandschuhe verwenden! Teiglinge mit dem Schaumlöffel portionsweise in den Sud legen, 1 Minute ziehen lassen, wenden und noch mal 30 Sekunden ziehen lassen. Herausnehmen, abtropfen lassen, auf das von der Folie befreite Blech legen und ggf. noch etwas nachformen. Burgel mit Ei-Milch-Mix bestreichen, nach Wunsch bestreuen (z.B. mit Sesam oder Brezensalz), im auf 200 °C vorgeheizten Ofen 20 Minuten backen, dabei Blech nach 10 Minuten um 180 Grad drehen.

· ORIENTAL BUNS ·

> In einer Rührschüssel 150 ml warmes Wasser, 1 EL Mehl und Honig mischen. Hefe darin auflösen und 5 bis 10 Minuten gehen lassen, bis sie Blasen wirft.

> Restliches Mehl und 1 TL Salz mischen. Mit 150 g Joghurt und Olivenöl zur Hefemischung geben. Mit den Knethaken des Handrührgeräts oder in der Küchenmaschine 5 bis 7 Minuten zu einem geschmeidigen Teig kneten. An einem warmen Ort zugedeckt 1 Stunde gehen lassen.

> Den Teig erneut durchkneten. Mit eingeölten Händen daraus 8 Kugeln formen und in großem Abstand auf ein mit Backpapier ausgelegtes Backblech setzen. Die Brötchen mit dem übrigen Joghurt bestreichen und mit Zatar bestreuen. Noch einmal etwa 40 Minuten gehen lassen.

> Den Backofen auf 200 °C vorheizen. Die Buns im Ofen auf der mittleren Schiene 15 Minuten backen. Aus dem Ofen nehmen und abkühlen lassen.

Zutaten für je 8 Stück

Für die Laugen-Burgels:
> 60 ml Milch
> 2 EL Zucker • ½ Würfel Hefe (21 g)
> 400 g Dinkelmehl • 2 TL Seitanpulver (aus dem Reformhaus oder Bio-Laden)
> 1 TL Salz • 2 Eier (Gr. M)
> 50 g weiche Butter
> Öl zum Verarbeiten • 75 g Natron

Für die Oriental Buns:
> 400 g Weizenmehl
> 2 EL Honig • ½ Würfel Hefe (21 g)
> Salz
> 180 g griechischer Joghurt (10 % Fett)
> 4 EL Olivenöl
> Öl zum Formen
> 1 EL Zatar (arabische Gewürzmischung)

· BEEF PATTYS ·

> Das Rindfleisch klein schneiden (Foto 1).

> Fleischwürfel durch den Fleischwolf drehen (oder bereits beim Metzger wolfen lassen; Foto 2).

> Die Masse mit Salz und Pfeffer würzen und etwas durchkneten, dann in 4 Portionen teilen.

> In der Burgerpresse zu Pattys pressen (oder mit angefeuchteten Händen zu Pattys formen; Foto 3).

> Das Olivenöl in einer Pfanne erhitzen und die Pattys darin 2 bis 3 Minuten anbraten. Dann wenden, mit Salz und Pfeffer würzen und 2 bis 3 Minuten fertig braten (Foto 4).

· MEDITERRANEAN PORK PATTYS ·

> Die Zwiebel und den Knoblauch schälen und grob klein schneiden. Das Schweinefleisch klein schneiden und mit Zwiebel und Knoblauch durch den Fleischwolf drehen.

> Die Kräuter unterkneten und die Masse mit Salz und Pfeffer würzen.

> Fleischmasse in 4 Portionen teilen und in der Burgerpresse zu Pattys pressen (oder mit angefeuchteten Händen zu Pattys formen).

> Das Olivenöl in einer Pfanne erhitzen und die Pattys darin 3 Minuten anbraten. Dann wenden, mit Salz und Pfeffer würzen und etwa 3 Minuten fertig braten.

Zutaten für je 4 Pattys

Für die Beef Pattys:
> 500 g Rindfleisch (Hohe Rippe oder Nacken)
> Salz • Pfeffer aus der Mühle
> 1–2 EL Olivenöl

Für die Mediterranean Pork Pattys:
> 1 Zwiebel
> 1 Knoblauchzehe
> 500 g Schweinenackensteaks
> 1 EL gehackter Thymian und Rosmarin
> Salz • Pfeffer aus der Mühle
> 1–2 EL Olivenöl

· ORIENTAL LAMB PATTYS ·

❯ Zwiebel und Knoblauch schälen und grob klein schneiden. Minze waschen und trocken tupfen, die Blätter abzupfen. Lammfleisch klein schneiden und mit der Zwiebel, dem Knoblauch und der Minze durch den Fleischwolf drehen.

❯ Die Masse mit Koriander, Kreuzkümmel, Salz und Pfeffer würzen und verkneten.

❯ Die Fleischmasse in 4 Portionen teilen und in der Burgerpresse zu Pattys pressen (oder mit angefeuchteten Händen zu Pattys formen).

❯ Das Olivenöl in einer Pfanne erhitzen und die Pattys darin 3 Minuten anbraten. Dann wenden, mit Salz und Pfeffer würzen und etwa 3 Minuten fertig braten.

· CRISPY CHICKEN PATTYS ·

❯ Die Hähnchenfiletstücke waschen und trocken tupfen. In einem Gefrierbeutel mit der flachen Seite des Fleischklopfers nacheinander vorsichtig flach klopfen.

❯ Knoblauch schälen und halbieren. Das Fleisch damit einreiben, dann mit Salz, Pfeffer, Paprikapulver und Cayennepfeffer würzen. Mit etwas Olivenöl beträufeln und Fleisch mit den Gewürzen einreiben.

❯ Das Mehl auf einen Teller geben und das Ei in einem tiefen Teller verquirlen. Tortillachips bzw. Cornflakes im Blitzhacker zermahlen und auf einen dritten Teller häufen.

❯ Etwa 1 cm hoch Öl in einer großen Pfanne erhitzen. Die Filetstücke nacheinander erst im Mehl wenden, dabei überschüssiges Mehl abklopfen, dann durch das Ei ziehen und zuletzt in den Tortilla- bzw. Cornflakes-Bröseln wenden. Im Öl auf beiden Seiten jeweils 3 bis 4 Minuten goldbraun ausbacken. Die fertigen Pattys auf Küchenpapier abtropfen lassen.

Zutaten für je 4 Pattys

Für die Oriental Lamb Pattys:
❯ ½ rote Zwiebel • 4 Knoblauchzehen
❯ 5 Stiele Minze
❯ 450 g Lammfleisch (Nacken)
❯ 1 TL gemahlener Koriander
❯ 1 TL gemahlener Kreuzkümmel
❯ Salz • Pfeffer aus der Mühle
❯ 1–2 EL Olivenöl

Für die Crispy Chicken Pattys:
❯ 4 Stücke Hähnchenbrustfilet (à ca.100 g)
❯ 1 Knoblauchzehe
❯ Salz • Pfeffer aus der Mühle
❯ ½ TL Paprikapulver (edelsüß)
❯ Cayennepfeffer • 2 TL Olivenöl
❯ 50 g Mehl • 1 Ei
❯ 100 g Tortillachips oder Cornflakes
❯ Öl zum Ausbacken

· FISH PATTYS ·

➤ Die Fischfiletstücke waschen und mit Küchenpapier trocken tupfen. 10 Minuten im Zitronensaft einlegen.

➤ Inzwischen Estragon waschen und trocken tupfen, die Blätter abzupfen und fein hacken. Mit den Semmelbröseln, Knoblauchpulver, Zwiebelgranulat und der Zitronenschale auf einem Teller mischen. Mehl auf einen zweiten Teller geben. Das Ei in einem tiefen Teller verquirlen.

➤ Die Filetstücke abtropfen lassen, mit Salz und Pfeffer würzen und mit Senf einreiben. Dann zuerst im Mehl wenden, durch das Ei ziehen und zuletzt mit der Bröselmischung panieren.

➤ Zu gleichen Teilen Öl und Butterschmalz 1 cm hoch in einer Pfanne erhitzen. Die Fish Pattys darin 3 Minuten anbraten, bis sie gut gebräunt sind. Dann wenden und etwa 3 Minuten fertig braten. Herausnehmen und abtropfen lassen.

· SHRIMP PATTYS ·

➤ Die aufgetauten Garnelen waschen, abtropfen lassen und etwas ausdrücken. Den Knoblauch schälen und in Würfel schneiden. Garnelen und Knoblauch portionsweise im Blitzhacker mit Limettensaft, Mayonnaise, Fischsauce und Zucker grob hacken.

➤ Frühlingszwiebeln putzen, waschen und in feine Ringe schneiden. Koriander waschen und trocken tupfen, die Blätter abzupfen und fein hacken. Beides unter die Garnelenmasse mischen und alles mit Salz und Pfeffer würzen.

➤ Aus der Masse 4 etwa 2 cm dicke Pattys formen und mit etwas Paniermehl bestreuen. In einer großen Pfanne ½ cm hoch Öl erhitzen und die Pattys darin 3 Minuten anbraten. Dann wenden und etwa 3 Minuten fertig braten. Die fertigen Pattys auf Küchenpapier abtropfen lassen.

Zutaten für je 4 Pattys

Für die Fish Pattys:
➤ 4 Stücke weißes Fischfilet (à ca. 100 g)
➤ 2–3 EL Zitronensaft • 1–2 Stiele Estragon
➤ 50 g Semmelbrösel
➤ je 2 TL Knoblauchpulver, Zwiebelgranulat und abgeriebene Bio-Zitronenschale
➤ 2–3 EL Mehl • 1 Ei
➤ Salz • Pfeffer • 2 TL Dijon-Senf
➤ Öl und Butterschmalz zum Ausbacken

Für die Shrimp Pattys:
➤ 500 g Garnelen (tiefgekühlt; küchenfertig)
➤ 4 Knoblauchzehen • 4 TL Limettensaft
➤ 4 TL Mayonnaise • 4 TL Fischsauce
➤ 4 TL Rohrohrzucker
➤ 4 Frühlingszwiebeln • 4 Stiele Koriander
➤ Salz • Pfeffer aus der Mühle
➤ 1–2 EL Paniermehl • 3–4 EL Öl

· CHEESE PATTYS ·

➤ Die Zwiebeln und den Knoblauch schälen und in feine Würfel schneiden. 2 EL Olivenöl in einer Pfanne erhitzen, Zwiebel- und Knoblauchwürfel darin mit den Haselnussblättchen glasig dünsten.

➤ Den Käse entrinden und reiben. Die Kartoffeln pellen und ebenfalls reiben. Die Zwiebelmischung, Käse- und Kartoffelraspel sowie den Quark mit Grieß, Stärke und Kräutern mischen. Die Masse mit Salz und Pfeffer würzen, in 4 Portionen teilen und in der Burgerpresse zu Pattys pressen (oder mit den Händen formen).

➤ Restliches Olivenöl in einer Pfanne erhitzen und die Pattys darin 3 bis 4 Minuten goldbraun anbraten. Dann wenden und 3 bis 4 Minuten fertig braten. Die fertigen Pattys auf Küchenpapier abtropfen lassen.

· GRÜNKERN-PATTYS ·

➤ Die Brühe in einem Topf erhitzen. Den Grünkernschrot einrieseln lassen, aufkochen und 1 Minute köcheln lassen. Dann den Herd ausstellen und den Schrot zugedeckt 15 Minuten quellen lassen.

➤ Inzwischen die Zwiebel und die Möhre schälen. Die Zwiebel in kleine Würfel schneiden, die Möhre raspeln. Die Kürbiskerne im Blitzhacker sehr fein hacken.

➤ In einer Pfanne 1 EL Olivenöl erhitzen, das Gemüse und die Kürbiskerne darin andünsten.

➤ Den Grünkernschrot mit einem Löffel auflockern, das gedünstete Gemüse untermischen. Mehl, Senf, Curry und das Ei dazugeben, mit Salz und Pfeffer würzen und die Masse kräftig durchkneten. Mit Salz und Pfeffer abschmecken.

➤ Masse in 4 Portionen teilen und in der Burgerpresse zu Pattys pressen (oder mit den Händen formen). Restliches Olivenöl in einer Pfanne erhitzen und die Pattys darin 3 bis 4 Minuten anbraten. Dann wenden und 3 bis 4 Minuten fertig braten. Auf Küchenpapier abtropfen lassen.

Zutaten für je 4 Pattys

Für die Cheese Pattys:
- ➤ 160 g Zwiebeln • 2 Knoblauchzehen
- ➤ 5–6 EL Olivenöl • 4 EL Haselnussblättchen
- ➤ 150 g Bergkäse (z.B. Stilfser)
- ➤ 150 g gegarte Kartoffeln (vom Vortag)
- ➤ 80 g Magerquark • 40 g Hartweizengrieß
- ➤ 2 EL Speisestärke • 2 TL Kräuter der Provence
- ➤ Salz • Pfeffer aus der Mühle

Für die Grünkern-Pattys:
- ➤ ¼ l Gemüsebrühe
- ➤ 180 g Grünkernschrot
- ➤ 1 Zwiebel • 100 g Möhre
- ➤ 30 g Kürbiskerne • ca. 4 EL Olivenöl
- ➤ 1 EL Mehl
- ➤ 1 EL Dijon-Senf • 1 EL Currypulver
- ➤ 1 Ei (Gr. M)
- ➤ Salz • Pfeffer aus der Mühle

· SEITAN-HIRSE-PATTYS ·

> Den Backofen auf 160 °C vorheizen. Das Suppengemüse putzen, schälen bzw. waschen und grob klein schneiden. Den Knoblauch schälen und grob zerkleinern. Die Kräuter waschen und trocken tupfen, Blättchen bzw. Nadeln abzupfen.

> Die Gemüsemischung portionsweise im Blitzhacker mit Knoblauch, Kräutern, Hirse und Hefeflocken hacken, bis die Masse fein und leicht feucht ist. Die Mischung in eine Schüssel umfüllen.

> Senf und Seitanpulver unterrühren und mit Salz und Pfeffer würzen. 200 ml kochendes Wasser darübergießen, zunächst mit dem Holzlöffel unterrühren, dann die Masse kräftig mit den Händen kneten. Mit Salz und Pfeffer abschmecken.

> Aus der Masse 4 große, etwa 1 cm dicke Pattys formen. Auf ein mit Backpapier belegtes Backblech legen und den Rand schön nachformen.

> Die Pattys im Ofen auf der mittleren Schiene 30 Minuten backen. Dann herausnehmen und abkühlen lassen.

> Das Olivenöl in einer großen Pfanne erhitzen und die Pattys darin 3 und 4 Minuten anbraten. Dann wenden und 3 bis 4 Minuten fertig braten. Aus der Pfanne nehmen und auf Küchenpapier abtropfen lassen.

Zutaten für 4 Pattys

> 250 g Suppengemüse (z.B. Möhre, Knollensellerie, Lauch, Petersilie)
> 2 Zweige Thymian
> 2 Knoblauchzehen
> 1 Zweig Rosmarin
> 90 g Hirseflocken

> 2 EL Hefeflocken
> 1 EL Dijon-Senf
> 100 g Seitanpulver (aus dem Reformhaus oder Bio-Laden)
> Salz • Pfeffer aus der Mühle
> 3–4 EL Olivenöl

· PULLED PORK ·

TIPP

Pulled Pork (oder Pulled Lamb, siehe rechts) kann sehr gut portionsweise in Gefrierbeuteln eingefroren werden. Bei Bedarf dann einfach auftauen lassen und mit Alufolie bedeckt im auf 80 °C vorgeheizten Backofen erwärmen.

> Am Morgen des Vortags für die Marinade alle Zutaten mit 1 EL Wasser mischen. Fleisch rundum damit einreiben und zugedeckt im Kühlschrank 24 Stunden marinieren.

> Am nächsten Tag das Fleisch 1 Stunde, bevor es in den Ofen kommt, aus dem Kühlschrank nehmen. Für die Mop-Sauce flüssige Zutaten und Chipotle-Flocken verrühren. Knoblauch schälen und dazupressen. Mit Rauchsalz würzen.

> Backofen auf 110 °C vorheizen. Fleisch in eine Auflaufform legen, 100 ml Wasser angießen und ein Fleischthermometer in die Mitte des Fleischs stecken. Fleisch auf der mittleren Schiene im Ofen 8 bis 9 Stunden garen, bis eine Kerntemperatur von 90 °C erreicht ist. Dabei das Wasser in der Form immer wieder vollständig verdampfen und Bratensatz dabei leicht bräunen lassen. Dann wieder 100 ml Wasser angießen und Fleisch ab einer Kerntemperatur von 65 °C einmal pro Stunde mit der Sauce übergießen, bis diese verbraucht ist. Dann mit der Bratenflüssigkeit übergießen, dafür jede Stunde etwas Wasser angießen.

> Sobald die finale Kerntemperatur erreicht ist, Fleisch herausnehmen, erst in Alufolie, dann in ein Handtuch wickeln und 1 Stunde ruhen lassen. Bratensatz mit 150 ml Wasser ablösen. Mit Tomatenmark, Senf und 1 EL Honig kurz einkochen und mit Rauchsalz und Honig abschmecken. Fleisch auswickeln und zerrupfen. Mit der Sauce mischen und als Burger servieren (siehe S. 48).

Zutaten für 8 Burger

Für die Marinade:
> 3 TL Zwiebelgranulat
> je 2 TL Knoblauchgranulat, Paprikapulver (edelsüß), gemahlener Kreuzkümmel, gem. Koriander und Kräuter der Provence
> 1 TL Cayennepfeffer • 1 TL gemahlener Pfeffer
> je 1 EL Honig, Limettensaft und Aceto balsamico
> ½ TL Rauchsalz • 2 TL Salz • 1 TL Olivenöl

Für die Mop-Sauce:
> je 100 ml Cola und Hot-Chili-Sauce (S. 117)
> 2 EL Olivenöl • 1 TL Chipotle-Flocken
> 1 Knoblauchzehe • Rauchsalz

Außerdem:
> 1,2–1,3 kg Schweinenacken
> 1 EL Tomatenmark • 1 TL Dijon-Senf
> 1–2 EL Honig • Rauchsalz

· PULLED LAMB ·

▶ Am Morgen des Vortags die Lammkeule waschen und trocken tupfen, besonders dicke Häute und Fettstücke entfernen. Für die Marinade Rosmarin, Knoblauch, Zatar, Pul biber, Limettensaft und Olivenöl mischen, mit Salz und Pfeffer würzen. Das Fleisch rundum damit einreiben und zugedeckt im Kühlschrank 24 Stunden marinieren.

▶ Am nächsten Tag das Fleisch 1 Stunde, bevor es in den Ofen kommt, aus dem Kühlschrank nehmen.

▶ Backofen auf 110 °C vorheizen. Fleisch in eine Auflaufform legen, 100 ml Wasser angießen und ein Fleischthermometer in die Mitte des Fleischs an den Knochen stecken. Das Fleisch wie im Rezept links beschrieben auf der mittleren Schiene im Ofen 8 bis 9 Stunden garen, bis eine Kerntemperatur von 90 °C erreicht ist. Dann das Fleisch aus dem Ofen nehmen, zuerst in Alufolie, dann in ein großes Küchentuch wickeln und 1 Stunde ruhen lassen.

▶ Den Bratensatz mit 100 ml Wasser ablösen. In einem Topf mit 2 EL Honig und Tomatenmark leicht dicklich einkochen lassen, mit Rauchsalz und Honig abschmecken. Das Fleisch aus der Folie nehmen, vom Knochen lösen und mit der Fleischgabel zerrupfen. Das Fleisch mit der Sauce mischen und als Burger servieren (siehe S. 63).

TIPP

Pulled Lamb schmeckt auch hervorragend als eigenständiges Gericht mit Couscous-Salat (S. 132) und Tsatsiki (S. 121) oder Hummus (S. 62). Das Ganze lässt sich auch perfekt zu Wraps rollen oder in Fladenbrottaschen füllen.

Zutaten für 6 Burger

- 1,2–1,3 kg Lammkeule (mit Knochen)
- gehackte Nadeln von 2 Zweigen Rosmarin
- 6 Knoblauchzehen (in feinen Würfeln)
- 2 EL Zatar (arabische Gewürzmischung)
- 2 TL Pul biber (türk. Gewürzmischung)
- 1 EL Limettensaft

- 2 EL Olivenöl
- Salz • Pfeffer aus der Mühle
- 2–3 EL Honig
- 1 EL Tomatenmark
- Rauchsalz

BURGER MIT

⋆ RIND & WILD ⋆

· FRITTENBUDE ·

Rindfleisch | Tomate | Gurken-Pickles | dänische Remoulade | Ketchup | Röstzwiebeln

> Die Pickles bereits am Vortag zubereiten. Buns, Röstzwiebeln und Saucen wie in den Rezepten beschrieben zubereiten, Pattys vorbereiten. Die Salatblätter waschen und trocken schütteln, nach Belieben etwas klein zupfen. Die Tomaten waschen und in Scheiben schneiden, dabei die Stielansätze entfernen.

> Den Backofen auf 100 °C Umluft erhitzen. Die Buns halbieren und im Ofen auf dem mit Backpapier belegten Ofengitter 6 bis 8 Minuten erwärmen. Das Olivenöl in einer Pfanne erhitzen und die Pattys darin 2 bis 3 Minuten anbraten. Wenden, mit Salz und Pfeffer würzen und 2 bis 3 Minuten fertig braten. Aus der Pfanne nehmen und auf Küchenpapier abtropfen lassen.

> Die unteren Hälften der Buns mit je 1 EL dänischer Remoulade bestreichen und mit den Salatblättern und den Pattys belegen. Je 1 EL Ketchup und dänische Remoulade daraufgeben. Darauf nacheinander jeweils 2 bis 3 Tomatenscheiben, 5 Scheiben Gurken-Pickles und 1 EL Röstzwiebeln schichten. Die oberen Bun-Hälften daraufsetzen und die Burger sofort servieren.

Zutaten für 4 Burger

Zum Vorbereiten:
> 20 Scheiben Gurken-Pickles (S.125)
> 4 Basic Buns mit Sesam-Topping (S.8)
> 4 EL Röstzwiebeln (S.124)
> 8 EL dänische Remoulade (S.113)
> 4 EL Tomatenketchup (S.116)
> 4 Beef Pattys (S.12)

Außerdem:
> 4 Lollo-biondo-Blätter
> 1–2 Tomaten
> 1 EL Olivenöl
> Salz · Pfeffer aus der Mühle

· DOUBLE DUTCH ·

2×Rindfleisch | 2×Maasdamer | Joppie-Mayo | Ketchup | Gurken-Pickles | Zwiebel

> Pickles bereits am Vortag zubereiten. Buns und Saucen wie in den Rezepten beschrieben zubereiten, Pattys vorbereiten. Die Salatblätter waschen und trocken schütteln, nach Belieben etwas klein zupfen. Die Zwiebel schälen und in feine Würfel schneiden. Den Käse entrinden.

> Den Backofen auf 100 °C Umluft vorheizen. In einer Pfanne 1 EL Olivenöl erhitzen. 4 Pattys darin 2 bis 3 Minuten anbraten und mit Salz und Pfeffer würzen. Wenden, mit je 1 Scheibe Maasdamer belegen und 2 bis 3 Minuten fertig braten. Aus der Pfanne nehmen, auf Küchenpapier abtropfen lassen und auf dem mit Backpapier belegten Ofengitter im Backofen warm halten. Die restlichen Pattys genauso braten. Die Buns halbieren und im Ofen 6 bis 8 Minuten erwärmen.

> Die unteren Hälften der Buns mit je 1 EL Joppie-Mayo bestreichen, dann mit den Salatblättern und je 1 Patty belegen. Je 1 bis 2 TL Ketchup daraufgeben, den zweiten Patty drauflegen und wieder Ketchup daraufgeben. Jeweils 5 Scheiben Gurken-Pickles daraufgeben und die Zwiebelwürfel darüberstreuen. Die oberen Bun-Hälften mit der restlichen Joppie-Mayo bestreichen, daraufsetzen und die Burger sofort servieren.

Zutaten für 4 Burger

Zum Vorbereiten:
> 20 Scheiben Gurken-Pickles (S. 125)
> 4 Basic Buns mit Cheese-Topping (S. 8)
> ca. 8 EL Joppie-Mayo (S. 113)
> ca. 4 EL Tomatenketchup (S. 116)
> 8 Beef Pattys à 100 g (S. 12)

Außerdem:
> 4 Romana-Salatherz-Blätter
> 1 Zwiebel
> 8 Scheiben Maasdamer
> 2 EL Olivenöl
> Salz • Pfeffer aus der Mühle

BONANZA

· BONANZA ·

Rindfleisch | Coleslaw | Bacon | Tomate | Whiskey-Barbecue-Sauce

❯ Buns, Coleslaw und Whiskey-Barbecue-Sauce wie in den Rezepten beschrieben zubereiten, Pattys vorbereiten. Salatblätter waschen und trocken schütteln, nach Belieben etwas klein zupfen. Die Tomaten waschen und in Scheiben schneiden, dabei die Stielansätze entfernen.

❯ Den Backofen auf 100 °C Umluft vorheizen. Wenig Olivenöl in einer Pfanne erhitzen und den Bacon darin auf beiden Seiten knusprig braten. Im Backofen auf dem mit Backpapier belegten Ofengitter warm halten. Die Buns halbieren und im Ofen 6 bis 8 Minuten erwärmen.

❯ Die Pfanne säubern. Das restliche Olivenöl darin erhitzen und die Pattys darin 2 bis 3 Minuten anbraten. Wenden, mit Salz und Pfeffer würzen und 2 bis 3 Minuten fertig braten. Aus der Pfanne nehmen und auf Küchenpapier abtropfen lassen.

❯ Die unteren Hälften der Buns mit den Salatblättern, je 2 EL Coleslaw und den Pattys belegen. Je 1 EL Whiskey-Barbecue-Sauce, die Bacon-Scheiben und je 2 bis 3 Tomatenscheiben daraufgeben. Die oberen Bun-Hälften daraufsetzen und die Burger sofort servieren.

Zutaten für 4 Burger

Zum Vorbereiten:
❯ 4 Basic Buns mit Sesam-Topping (S.8)
❯ ca. 8 EL Coleslaw (S.132)
❯ 4 EL Whiskey-Barbecue-Sauce (S.117)
❯ 4 Beef Pattys (S.12)

Außerdem:
❯ 4 Eisbergsalat-Blätter
❯ 1–2 Tomaten
❯ 1–2 EL Olivenöl
❯ 8 Scheiben Bacon (Frühstücksspeck)
❯ Salz • Pfeffer aus der Mühle

· VIVA ZAPATA! ·

Rindfleisch | Cheddar | Limetten-Mayo | Avocado | Tomate | Jalapeño-Salsa | Tortillachips

➤ Buns, Mayo und Salsa wie in den Rezepten beschrieben zubereiten, Pattys vorbereiten. Salatblätter waschen und trocken schütteln, nach Belieben etwas klein zupfen. Tomaten waschen und in Scheiben schneiden, dabei die Stielansätze entfernen. Die Avocado schälen und das Fruchtfleisch in schmale Spalten schneiden. Mit Limettensaft beträufeln und mit Salz und Pfeffer würzen. Den Cheddar entrinden und die Chips grob zerbröckeln.

➤ Den Backofen auf 100 °C Umluft vorheizen. Die Buns halbieren und im Ofen auf dem mit Backpapier belegten Ofengitter 6 bis 8 Minuten erwärmen. Das Olivenöl in einer Pfanne erhitzen. Die Pattys darin 2 bis 3 Minuten anbraten und mit Salz und Pfeffer würzen. Wenden, mit dem Cheddar belegen und 2 bis 3 Minuten fertig braten. Die Pfanne vom Herd nehmen und die Pattys zugedeckt noch 1 Minute ziehen lassen. Aus der Pfanne nehmen und auf Küchenpapier abtropfen lassen.

➤ Die unteren Hälften der Buns mit je 1 bis 2 TL Limetten-Mayo bestreichen und mit Salatblättern und Pattys belegen. Je 1 EL Jalapeño-Salsa daraufgeben und je 2 bis 3 Tomatenscheiben und Avocadospalten daraufschichten. Tortillachips darüberstreuen. Die oberen Bun-Hälften mit der restlichen Limetten-Mayo bestreichen, daraufsetzen und die Burger sofort servieren.

Zutaten
für 4 Burger

Zum Vorbereiten:
➤ 4 Oriental Buns (S.11)
➤ 8 TL Limetten-Mayo (S.113)
➤ 4 EL Jalapeño-Salsa (S.118)
➤ 4 Beef Pattys (S.12)

Außerdem:
➤ 4 Eisbergsalat-Blätter
➤ 1–2 Tomaten • ½ Avocado
➤ 2 TL Limettensaft
➤ Salz • Pfeffer aus der Mühle
➤ 4 Scheiben Cheddar
➤ 8 Tortillachips
➤ 1–2 EL Olivenöl

· QUEENSTOWN ·

Rindfleisch | Spiegelei | Rote-Bete-Pickles | Zwiebelringe | Tomate | Ananas | Ketchup

> Pickles am Vortag zubereiten. Buns, Mayonnaise und Ketchup wie in den Rezepten beschrieben zubereiten, Pattys vorbereiten. Salatblätter waschen und trocken schütteln, nach Belieben etwas klein zupfen. Rote-Bete-Pickles abtropfen lassen. Die Ananas schälen, den harten Strunk entfernen, die Ananas in 4 Scheiben schneiden. Tomaten waschen und in dünne Scheiben schneiden, dabei die Stielansätze entfernen. Die Zwiebel schälen und in feine Ringe schneiden.

> Den Backofen auf 100 °C Umluft vorheizen. Die Eier in einer Pfanne in 2 EL Olivenöl bei mittlerer Hitze zu Spiegeleiern braten. Herausnehmen und auf ein mit Backpapier belegtes Backblech legen. In einer Grillpfanne 1 EL Olivenöl erhitzen. Die Ananasscheiben darin auf beiden Seiten anbraten, bis sie leicht gebräunt sind. Mit den Eiern im Ofen warm halten. Buns halbieren und im Ofen 6 bis 8 Minuten erwärmen.

> Das restliche Olivenöl in der Pfanne erhitzen und die Pattys darin 2 bis 3 Minuten anbraten. Wenden, mit Salz und Pfeffer würzen und 2 bis 3 Minuten fertig braten. Auf Küchenpapier abtropfen lassen.

> Die unteren Hälften der Buns mit je 1 bis 2 TL Mayonnaise bestreichen und mit den Salatblättern, den Ananasscheiben und den Pattys belegen. Je 2 TL Ketchup daraufgeben und nacheinander je 3 Rote-Bete- und Tomatenscheiben, 1 Spiegelei und ein paar Zwiebelringe darüberschichten. Die oberen Bun-Hälften mit der restlichen Mayo bestreichen, daraufsetzen und die Burger sofort servieren.

· Zutaten für 4 Burger ·

Zum Vorbereiten:
> 12 Scheiben Rote-Bete-Pickles (S.125)
> 4 Basic Buns mit Sesam-Topping (S.8)
> 4 EL Mayonnaise (S.112)
> 4 EL Tomatenketchup (S.116)
> 4 Beef Pattys (S.12)

Außerdem:
> 4 Lollo-biondo-Blätter
> ⅓ Ananas • 1–2 Tomaten
> ½ Zwiebel
> 4 Eier
> 4 EL Olivenöl
> Salz • Pfeffer aus der Mühle

· WAIKIKI BEACH ·

Rindfleisch | Cocktail-Mayo | Bacon | Fresh Pineapple Salsa | Tomate

TIPP

Lust auf Saucen-Abwechslung? Dann ersetzen Sie Fresh Pineapple Salsa und Cocktail-Mayo durch die gleichen Mengen Mango-Ketchup (S.116) und Limetten-Mayo (S.113). Zusätzlich noch jeweils 1 dünne Scheibe Ananas auf die Pattys legen.

> Buns, Mayo und Salsa wie in den Rezepten beschrieben zubereiten, Pattys vorbereiten. Den Salat waschen und trocken schleudern. Die Tomaten waschen und in Scheiben schneiden, dabei die Stielansätze entfernen.

> Den Backofen auf 100 °C Umluft vorheizen. In einer Pfanne 1 TL Olivenöl erhitzen und den Bacon darin auf beiden Seiten knusprig braten. Herausnehmen und auf einem mit Backpapier belegten Backblech im Ofen warm halten. Buns halbieren und im Ofen 6 bis 8 Minuten erwärmen.

> In einer Grillpfanne 1 EL Olivenöl erhitzen und die Pattys darin 2 bis 3 Minuten anbraten. Wenden, mit Salz und Pfeffer würzen und 2 bis 3 Minuten fertig braten. Die Pattys aus der Pfanne nehmen und auf Küchenpapier abtropfen lassen.

> Die unteren Hälften der Buns mit je 1 EL Cocktail-Mayo bestreichen und mit Salatblättern, Bacon-Scheiben und Pattys belegen. Je 3 Tomatenscheiben und 1½ EL gut abgetropfte Pineapple Salsa daraufgeben. Die oberen Bun-Hälften mit der restlichen Cocktail-Mayo bestreichen, daraufsetzen und die Burger sofort servieren.

Zutaten für 4 Burger

Zum Vorbereiten:
> 4 Basic Buns mit Sesam-Topping (S.8)
> 6 EL Fresh Pineapple Salsa (S.118)
> 6 EL Cocktail-Mayo (S.113)
> 4 Beef Pattys (S.12)

Außerdem:
> 12 Romana-Salatherz-Blätter
> 1–2 Tomaten
> ca. 2 EL Olivenöl
> 12 Scheiben Bacon (Frühstücksspeck)
> Salz • Pfeffer aus der Mühle

TOKYO TOWER

SPRING BREAK

· TOKYO TOWER ·

2×Rindfleisch | Shiitake-Pilze | Rucola | Wasabi-Mayo | Frühlingszwiebeln

❯ Buns und Mayo wie in den Rezepten beschrieben zubereiten, Pattys vorbereiten. Mizuna bzw. Rucola verlesen, waschen und trocken schleudern, grobe Stiele entfernen. Die Frühlingszwiebeln putzen, waschen und in feine Ringe schneiden. Die Pilze putzen und die Stiele herausdrehen, große Exemplare halbieren.

❯ Die Burger nacheinander zubereiten und jeweils sofort servieren. Den Backofen auf 100 °C Umluft vorheizen. 1 Bun halbieren und im Ofen auf dem mit Backpapier belegten Backblech 6 bis 8 Minuten erwärmen.

❯ In einer Pfanne 1 EL Olivenöl erhitzen und 2 Pattys darin 3 Minuten mit einem Viertel der Pilze anbraten. Die Pattys und die Pilze wenden und weitere 3 Minuten braten. Mit 2 bis 3 EL Teriyaki-Sauce ablöschen und das Fleisch und die Pilze durch Schwenken in der Pfanne damit glasieren.

❯ Die untere Hälfte des Buns mit 2 TL Wasabi-Mayo bestreichen, Salatblätter, Pilze und die Pattys darauflegen. 1 TL Wasabi-Mayo daraufgeben, ein Viertel der Frühlingszwiebelringe und der vom Beet geschnittenen Kresse daraufgeben. Die obere Bun-Hälfte mit 1 TL Wasabi-Mayo bestreichen, daraufsetzen und den Burger sofort servieren. Die übrigen Burger auf die gleiche Art zubereiten. Nach Belieben marinierte Möhren (siehe S. 129) dazu servieren.

Zutaten für 4 Burger

Zum Vorbereiten:
❯ 4 Basic Buns mit Sesam-Topping (S.8)
❯ 6 EL Wasabi-Mayo (S.113)
❯ 8 Beef Pattys (S.12)

Außerdem:
❯ 2 Handvoll Mizuna oder Rucola
❯ 2 Frühlingszwiebeln
❯ 200 g Shiitake-Pilze
❯ 4 EL Erdnussöl oder Olivenöl
❯ 8–12 EL Teriyaki-Sauce
❯ 1 Kästchen Shizo- oder Gartenkresse

· SPRING BREAK ·

Rindfleisch | Ziegenfrischkäse | Erdbeeren | Béarnaise-Mayo | Spargel | Pinienkerne

> Buns und Mayo wie in den Rezepten beschrieben zubereiten, Pattys vorbereiten. Den Spargel waschen, im unteren Drittel schälen und quer halbieren. In einem Topf mit Dämpfeinsatz über kochendem Wasser 5 Minuten bissfest garen. Zitronensaft, Honig und 1 EL Olivenöl verrühren, mit Salz und Pfeffer würzen. Den Spargel kalt abschrecken, abtropfen lassen und 10 Minuten in die Zitronenmarinade einlegen.

> Die Pinienkerne in einer Pfanne ohne Fett goldbraun rösten und sofort wieder herausnehmen. Basilikum waschen und trocken tupfen. Die Erdbeeren waschen, putzen und in Scheiben schneiden. Käse ebenfalls in Scheiben schneiden.

> Den Backofen auf 100 °C Umluft vorheizen. Die Buns halbieren und im Ofen auf dem mit Backpapier belegten Ofengitter 6 bis 8 Minuten erwärmen. In einer Grillpfanne 1 EL Olivenöl erhitzen und die Pattys darin 3 Minuten anbraten. Wenden, den Ziegenfrischkäse daraufgeben und 3 Minuten fertig braten. Die Pattys aus der Pfanne nehmen und auf Küchenpapier abtropfen lassen.

> Die unteren Hälften der Buns mit je 2 TL Béarnaise-Mayo bestreichen, Salatblätter, den Spargel und die Pattys darauflegen. Darauf je 3 Basilikumblätter und die Erdbeerscheiben verteilen, die Pinienkerne darüberstreuen. Die oberen Bun-Hälften mit restlicher Béarnaise-Mayo bestreichen, daraufsetzen und die Burger sofort servieren.

• Zutaten für 4 Burger •

Zum Vorbereiten:
> 4 Basic Buns mit Bärlauch-Topping (S. 8)
> 6 EL Béarnaise-Mayo (S. 113)
> 4 Beef Pattys (S. 12)

Außerdem:
> 8 Stangen grüner Spargel
> 50 ml Zitronensaft

> 2 TL Honig • 2 EL Olivenöl
> Salz • Pfeffer aus der Mühle
> 2 EL Pinienkerne
> 12 Basilikumblätter
> 8 Erdbeeren
> 100 g Ziegenfrischkäse
> 2 Handvoll Salatmix (küchenfertig)

· SAVOY ·

Hirschfleisch | Reblochon | Schinken | Schalotten-Confit | Wirsing-Chips | Trüffel-Mayo

> Burgels, Confit und Mayo wie in den Rezepten beschrieben zubereiten, Pattys vorbereiten.

> Für die Wirsing-Chips den Backofen samt Backblech auf 140 °C vorheizen. Wirsing waschen und gründlich trocken tupfen. Die groben Blattrippen entfernen und Blätter in Rauten schneiden. Mit 1 EL Olivenöl, Zwiebelgranulat und etwas Salz leicht durchkneten und 3 Minuten ziehen lassen. Dann auf dem mit Backpapier belegten Blech verteilen und 12 Minuten backen. Wenden und weitere 10 bis 13 Minuten backen, bis der Wirsing knusprig und leicht gebräunt ist. Aus dem Ofen nehmen und abkühlen lassen.

> Den Backofen auf 100 °C Umluft erhitzen. Salat waschen und trocken schleudern. Käse in 8 Scheiben schneiden. Die Burgels halbieren und im Ofen auf dem mit Backpapier belegten Ofengitter 6 bis 8 Minuten erwärmen. In einer Grillpfanne 1 EL Olivenöl erhitzen und die Pattys darin 3 Minuten anbraten. Wenden, mit dem Käse belegen, 3 Minuten fertig braten und noch 1 Minute in der Pfanne ziehen lassen. Aus der Pfanne nehmen und auf Küchenpapier abtropfen lassen.

> Die unteren Hälften der Burgels mit je 2 TL Trüffel-Mayo bestreichen, die Salatblätter, je 1 Scheibe Schinken und die Pattys darauflegen. Je 1 EL Schalotten-Confit daraufgeben und die Wirsing-Chips darüberstreuen. Die oberen Burgel-Hälften mit der restlichen Trüffel-Mayo bestreichen, daraufsetzen und die Burger sofort servieren. Dazu schmeckt Kartoffelsalat (siehe S. 134).

Zutaten für 4 Burger

Zum Vorbereiten:
> 4 Laugen-Burgels (S. 11)
> 4 EL Schalotten-Confit (S. 120)
> 4 EL Trüffel-Mayo (S. 113)
> 4 Hirsch-Pattys (siehe Beef Pattys S. 12; statt Rindfleisch Hirschfleisch verwenden)

Außerdem:
> 2 große Wirsingblätter
> 2–3 EL Olivenöl
> 1 TL Zwiebelgranulat • Salz
> 8 Romana-Salatherz-Blätter
> 100 g Reblochon
> 4 Scheiben roher Schinken (geräuchert oder luftgetrocknet)

· DEEP FOREST ·

Rehfleisch | Pilze | Bärlauchpaste | glasierte Schalotten | Kräuter-Mayo

> Buns und Mayo wie in den Rezepten beschrieben zubereiten, Pattys vorbereiten. Postelein waschen und trocken schleudern. Schalotten schälen, halbieren und in 1 EL Öl mit angedrückter Wacholderbeere und Lorbeerblatt 3 bis 4 Minuten andünsten. Den Zucker dazugeben und leicht karamellisieren. Wein und Essig angießen, mit Salz würzen und einkochen lassen, bis die Schalotten einen glänzenden Überzug haben. Mit Salz abschmecken und vom Herd nehmen.

> Die Pilze putzen, trocken abreiben und in Scheiben schneiden. Restliches Öl in einer Pfanne erhitzen, die Pilze darin anbraten, mit dem Sherry ablöschen und einkochen lassen. Butter und Thymian dazugeben und mit Salz und Pfeffer würzen.

> Den Backofen auf 100 °C Umluft vorheizen. Die Pilze auf einem Teller im Ofen warm halten. Die Buns halbieren und im Ofen auf dem mit Backpapier belegten Ofengitter 6 bis 8 Minuten erwärmen. Das Olivenöl in einer Grillpfanne erhitzen und die Pattys darin 3 bis 4 Minuten anbraten. Wenden, mit Salz und Pfeffer würzen und 3 bis 4 Minuten fertig braten. Die Pattys aus der Pfanne nehmen und auf Küchenpapier abtropfen lassen.

> Die unteren Hälften der Buns mit je 2 TL Kräuter-Mayo bestreichen. Postelein und Pilze darauf verteilen, die Pattys darauflegen. Mit je 2 TL Bärlauchpaste bestreichen und die Schalotten darauf verteilen. Die oberen Bun-Hälften mit der restlichen Kräuter-Mayo bestreichen, daraufsetzen und die Burger sofort servieren.

· Zutaten für 4 Burger ·

Zum Vorbereiten:
> 4 Vollkorn-Buns (S. 10)
> 8 TL Kräuter-Mayo (S. 113)
> 4 Reh-Pattys (siehe Beef Pattys S. 12; statt Rindfleisch Rehfleisch verwenden)

Außerdem:
> 2 Handvoll Postelein (oder 4 Romana-Salatherz-Blätter) • 6 Schalotten • 2 EL Öl

> 1 Wacholderbeere • 1 Lorbeerblatt
> 1 ½ EL brauner Zucker
> 50 ml trockener Rotwein (z. B. Tempranillo)
> 1 EL Aceto balsamico • Salz
> 150 g gemischte Pilze • 4 cl Sherry
> ½ EL Butter • 1 TL Thymianblättchen
> Pfeffer aus der Mühle • 1 EL Olivenöl
> 8 TL Bärlauchpaste (oder Pesto, S. 120)

BURGER MIT

SCHWEIN & LAMM

· BENISSIMO ·

Schweinefleisch | Pecorino | Pesto | Rucola | Aubergine
getrocknete Tomaten | Kräuter-Mayo

> Buns, Mayo und Pesto wie in den Rezepten beschrieben zubereiten, Pattys vorbereiten. Die Aubergine putzen, waschen und in dünne Scheiben schneiden. 2 EL Olivenöl mit Honig und Essig verrühren, den Knoblauch schälen und dazupressen. Mit Salz und Pfeffer würzen. In einer Pfanne 2 EL Olivenöl erhitzen und die Auberginen darin auf beiden Seiten anbraten, bis sie leicht gebräunt sind. Herausnehmen, mit der Marinade bestreichen und 10 Minuten ziehen lassen.

> Rucola verlesen, waschen und trocken schleudern, grobe Stiele entfernen. Die Tomaten abtropfen lassen, den Pecorino in Späne hobeln.

> Den Backofen auf 100 °C Umluft vorheizen. Die Buns halbieren und im Ofen auf dem mit Backpapier belegten Ofengitter 6 bis 8 Minuten erwärmen. Das restliche Olivenöl in einer Grillpfanne erhitzen und die Pattys darin 3 bis 4 Minuten anbraten. Wenden, mit Salz und Pfeffer würzen und 3 bis 4 Minuten fertig braten. Aus der Pfanne nehmen und auf Küchenpapier abtropfen lassen.

> Die unteren Hälften der Buns mit je 1 EL Kräuter-Mayo bestreichen und mit Rucola und den Pattys belegen. Darauf jeweils 1 EL Pesto geben, die Auberginenscheiben, die getrockneten Tomaten und den Pecorino darauflegen. Die oberen Bun-Hälften mit der restlichen Kräuter-Mayo bestreichen, daraufsetzen und die Burger servieren.

Zutaten für 4 Burger

Zum Vorbereiten:
> 4 Basic Buns mit Oregano-Topping (S. 8)
> 6 EL Kräuter-Mayo (S. 113)
> 4 EL Pesto alla genovese (S. 120)
> 4 Mediterranean Pork Pattys (S. 12)

Außerdem:
> 150 g Aubergine • 5 EL Olivenöl
> 1 TL Honig • 1 EL Rotweinessig
> 1 Knoblauchzehe
> Salz • Pfeffer aus der Mühle
> 2 Handvoll Rucola
> 12 getrocknete Tomaten (in Öl)
> 80 g Pecorino (am Stück)

· BIG BLT ·

2 × Schweinefleisch | Bacon | Tomate | Pesto | Knoblauch-Mayo

❯ Buns, Mayo und Pesto wie in den Rezepten beschrieben zubereiten, Pattys vorbereiten. Den Salat waschen und trocken schleudern, nach Belieben etwas klein zupfen. Die Tomaten waschen und in Scheiben schneiden, dabei die Stielansätze entfernen.

❯ Den Backofen auf 100 °C Umluft vorheizen. In einer Grillpfanne 1 EL Olivenöl erhitzen und die Hälfte der Pattys darin 3 bis 4 Minuten anbraten. Wenden, leicht mit Salz und Pfeffer würzen und 3 bis 4 Minuten fertig braten. Aus der Pfanne nehmen und auf Küchenpapier abtropfen lassen. Auf das mit Backpapier belegte Ofengitter in den Backofen legen und die zweite Portion zubereiten.

❯ Die Buns halbieren und im Ofen 6 bis 8 Minuten erwärmen. Die restlichen Pattys ebenfalls abtropfen lassen und in den Backofen legen. Den Bacon in der Pfanne im restlichen Olivenöl knusprig braten.

❯ Die unteren Hälften der Buns mit je 1 EL Knoblauch-Mayo bestreichen und mit dem Salat, je 1 Patty, den Bacon-Streifen und dem zweiten Patty belegen. Darauf jeweils 1 EL Pesto geben und je 3 Tomatenscheiben darauflegen. Die oberen Bun-Hälften mit der restlichen Knoblauch-Mayo bestreichen, daraufsetzen und die Burger sofort servieren.

· Zutaten für 4 Burger ·

Zum Vorbereiten:
❯ 4 Basic Buns mit Parmesan-Topping (S. 8)
❯ 6 EL Knoblauch-Mayo (S. 113)
❯ 4 EL Pesto alla genovese (S. 120)
❯ 8 Mediterranean Pork Pattys (S. 12)

Außerdem:
❯ 12 Romana-Salatherz-Blätter
❯ 1–2 Tomaten
❯ ca. 3 EL Olivenöl
❯ Salz • Pfeffer aus der Mühle
❯ 12 Scheiben Bacon (Frühstücksspeck)

· PULLMAN ·

Pulled Pork | frittierte Zwiebelringe | Tomate | Krautsalat | Whiskey-Barbecue-Sauce

Pulled Pork ist sowohl geschmacklich als auch sensorisch ein echtes Erlebnis. Wer den puren, unverfälschten Geschmack schätzt, serviert das Fleisch im Bun nur mit einem Klecks Krautsalat.

❯ Mit der Zubereitung des Pulled Pork mindestens 34 Stunden vor dem Essen beginnen.

❯ Zum Servieren Buns, Sauce, Krautsalat und Zwiebelringe wie in den Rezepten beschrieben zubereiten. Die Tomaten waschen und in Scheiben schneiden, dabei die Stielansätze entfernen.

❯ Den Backofen auf 100 °C Umluft vorheizen. Die Buns halbieren und im Ofen auf dem mit Backpapier belegten Ofengitter 6 bis 8 Minuten erwärmen.

❯ Die unteren Hälften der Buns jeweils mit 2 bis 3 Tomatenscheiben und 2 EL Krautsalat belegen. Pulled Pork daraufhäufen und die Whiskey-Barbecue-Sauce darüberträufeln. Mit den Zwiebelringen belegen, die oberen Bun-Hälften daraufsetzen und die Burger sofort servieren. Dazu schmecken Kartoffel-Wedges (siehe S. 126).

Zutaten für 4 Burger

Zum Vorbereiten:
❯ 4 Portionen Pulled Pork (S. 18)
❯ 4 Vollkorn-Buns (S. 10)
❯ 6 EL Whiskey-Barbecue-Sauce (S. 117)
❯ 8 EL Krautsalat (S. 134)
❯ frittierte Zwiebelringe (S. 124)

Außerdem:
❯ 1–2 Tomaten

LOST IN FRANCE

· LOST IN FRANCE ·

Schweinefleisch | Ziegenkäse | Feige | Radicchio | Schalotten-Confit

TIPP

Wer Ziegenkäse nicht so gerne mag, ist mit anderen französischen Weichkäsesorten wie Camembert, Brie oder auch dem herzhaften Münsterkäse (Munster) aus dem Elsass ebenfalls bestens bedient. Kräftiger Roquefort passt auch sehr gut, ist aber eher etwas für Liebhaber dieser besonders würzigen Käsesorte.

> Buns, Confit und Mayo wie in den Rezepten beschrieben zubereiten, Pattys vorbereiten. Radicchio waschen und trocken schütteln. Den Ziegenkäse in 12 Scheiben schneiden. Die Feigen waschen und ebenfalls in Scheiben schneiden.

> Den Backofen auf 100 °C Umluft vorheizen. Die Buns halbieren und im Ofen auf dem mit Backpapier belegten Ofengitter 6 bis 8 Minuten erwärmen.

> Das Olivenöl in einer Pfanne erhitzen und die Pattys darin 3 Minuten anbraten. Wenden, mit dem Ziegenkäse belegen und 3 Minuten fertig braten. Zugedeckt noch 1 Minute ziehen lassen. Pattys aus der Pfanne nehmen und auf Küchenpapier abtropfen lassen.

> Die unteren Hälften der Buns mit Salatblättern belegen und je 1 bis 2 TL Kräuter-Mayo daraufgeben. Darauf nacheinander die Pattys, je 3 Feigenscheiben und je 1 EL Schalotten-Confit schichten. Die oberen Bun-Hälften dünn mit der restlichen Kräuter-Mayo bestreichen, daraufsetzen und die Burger servieren.

· Zutaten für 4 Burger ·

Zum Vorbereiten:
> 4 Vollkorn-Buns mit Haferflocken-Topping (S. 10)
> 4 EL Schalotten-Confit (S. 120)
> 8 TL Kräuter-Mayo (S. 113)
> 4 Mediterranean Pork Pattys (S. 12)

Außerdem:
> 4 Radicchioblätter
> 200 g Ziegenkäserolle
> 2 Feigen
> 1–2 EL Olivenöl

· LANDPARTIE ·

Schweinefleisch | Rösti | Rahmpfifferlinge | Petersilie | Preiselbeeren

> Buns und Mayonnaise wie in den Rezepten beschrieben zubereiten, Pattys vorbereiten. Feldsalat waschen und trocken schleudern. Die Kartoffeln schälen, raspeln, mit Eiern und Milch verrühren und mit Salz und Pfeffer würzen. Pilze putzen und trocken abreiben, große Exemplare halbieren. Zwiebel und Knoblauch schälen und in feine Würfel schneiden.

> Zwiebelwürfel in 2 EL Öl anbraten. Die Pilze etwa 3 Minuten mitbraten, Knoblauch und Kräuter der Provence dazugeben und kurz schwenken. Mit dem Weinbrand und der Sahne ablöschen und einkochen lassen. Mit Salz, Pfeffer, Honig und Balsamico abschmecken.

> Backofen auf 100 °C Umluft vorheizen, die Pilze darin warm halten. In einer Pfanne 1 cm hoch Öl erhitzen. Aus der Kartoffelmasse mit der Burgerpresse 4 Rösti pressen und auf beiden Seiten jeweils 3 bis 4 Minuten ausbacken. Auf Küchenpapier abtropfen lassen, warm halten.

> Die Buns halbieren und im Ofen 6 bis 8 Minuten erwärmen. Pattys in einer Grillpfanne im Olivenöl 3 bis 4 Minuten anbraten, wenden und 3 bis 4 Minuten fertig braten. Auf Küchenpapier abtropfen lassen.

> Die unteren Hälften der Buns mit je 1 TL Mayo bestreichen, den Feldsalat darauf verteilen und mit den Pattys belegen. Je 1 EL Preiselbeeren daraufgeben und die Rösti darauflegen. Die Pilze darauf verteilen und die Petersilie darüberstreuen. Die oberen Bun-Hälften daraufsetzen und die Burger sofort servieren.

Zutaten für 4 Burger

Zum Vorbereiten:
> 4 Basic Buns mit Zwiebel-Topping (S. 8)
> 4 TL Mayonnaise (S. 112)
> 4 Mediterranean Pork Pattys (S. 12)

Außerdem:
> 50 g Feldsalat
> 500 g festkochende Kartoffeln
> 2 Eier • 2 EL Milch • Salz • Pfeffer
> 200 g Pfifferlinge

> 1 Zwiebel • 2 Knoblauchzehen
> 2 EL Öl • Öl zum Ausbacken
> 2 TL getrocknete Kräuter der Provence
> 5 cl Weinbrand
> 100 g Sahne • etwas Honig
> Aceto balsamico • 1–2 EL Olivenöl
> 4 EL Preiselbeeren (aus dem Glas)
> 2 EL Petersilienblätter

· FRANZ-JOSEF ·

**Leberkäse | Krautsalat | süßer Senf | Spiegelei | Gurken-Pickles
Schnittlauch | geschmorte Zwiebeln**

> Die Pickles bereits am Vortag zubereiten. Burgels und Krautsalat wie in den Rezepten beschrieben zubereiten. Schnittlauch waschen, trocken tupfen und in feine Röllchen schneiden. Die Zwiebeln schälen und in Ringe schneiden. In einer Pfanne 2 EL Öl erhitzen und die Zwiebeln darin bei mittlerer Hitze 6 bis 8 Minuten anbraten, bis sie kräftig gebräunt sind. Mit dem Essig ablöschen und etwas einkochen lassen. Die Zwiebeln mit Salz und Pfeffer würzen, aus der Pfanne nehmen und beiseitestellen.

> Den Backofen auf 100 °C Umluft vorheizen. Die Burgels halbieren und im Ofen auf dem mit Backpapier ausgelegten Ofengitter 6 bis 8 Minuten erwärmen. In der Pfanne 1 EL Öl erhitzen, den Leberkäse darin auf beiden Seiten anbraten und ebenfalls in den Backofen legen. Restliches Öl erhitzen, die Eier in die Pfanne aufschlagen und braten, bis die Unterseite gestockt ist, dann wenden und kurz fertig braten, sodass die Eigelbe im Kern noch flüssig sind.

> Die unteren Hälften der Burgels mit der Hälfte des Senfs bestreichen und mit dem Krautsalat, dem Leberkäse und den Spiegeleiern belegen. Gurken-Pickles und Schmorzwiebeln darauf verteilen, den Schnittlauch darüberstreuen. Obere Burgel-Hälften mit dem restlichen Senf bestreichen, daraufsetzen und Burger sofort servieren.

Zutaten für 4 Burger

Zum Vorbereiten:
> 16–20 Scheiben Gurken-Pickles (S.125)
> 4 Laugen-Burgels mit Sesam-Topping (S.11)
> 8 EL Krautsalat (S.134)

Außerdem:
> ½ Bund Schnittlauch
> 2 Zwiebeln
> 4 EL Öl • 1 EL Weißweinessig
> Salz • Pfeffer aus der Mühle
> 4 Scheiben Leberkäse (à 125–150 g)
> 4 Eier
> 6 EL süßer Senf

· CYPRUS: 12 POINTS ·

Schweinefleisch | Halloumi | Tomate | Feige | rote Zwiebel
frittierter Salbei | Knoblauch-Mayo

> Buns und Mayo wie in den Rezepten beschrieben zubereiten, Pattys vorbereiten. Den Salat waschen und trocken schütteln, die Blätter nach Belieben etwas klein zupfen. Tomaten und Feigen waschen und in Scheiben schneiden. Die Zwiebel schälen und in feine Ringe schneiden. Den Halloumi in 4 Scheiben schneiden. Den Salbei waschen und trocken tupfen, die Blätter abzupfen.

> Backofen auf 100 °C Umluft vorheizen. In einer Grillpfanne 1 EL Olivenöl erhitzen und die Halloumischeiben darin auf beiden Seiten braten, bis sie leicht gebräunt sind. Herausnehmen und auf ein mit Backpapier belegtes Ofengitter in den Backofen legen. Die Buns halbieren und im Ofen 6 bis 8 Minuten erwärmen. Die Pattys im restlichen Olivenöl 3 bis 4 Minuten braun braten. Wenden, mit Salz und Pfeffer würzen und 3 bis 4 Minuten fertig braten. Herausnehmen und auf Küchenpapier abtropfen lassen.

> In einer kleinen Pfanne 1 cm hoch Öl erhitzen. Salbei darin leicht knusprig ausbacken. Herausheben und abtropfen lassen.

> Die unteren Hälften der Buns mit der Hälfte der Knoblauch-Mayo bestreichen, den Salat, je 2 bis 3 Tomatenscheiben und die Zwiebelringe darauf verteilen, die Pattys und den Halloumi darauflegen. Je 2 bis 3 Feigenscheiben und den frittierten Salbei darüberschichten. Die oberen Bun-Hälften mit der restlichen Knoblauch-Mayo bestreichen, daraufsetzen und die Burger sofort servieren.

Zutaten
für 4 Burger

Zum Vorbereiten:
> 4 Oriental Buns (S. 11)
> 6 EL Knoblauch-Mayo (S. 113)
> 4 Mediterranean Pork Pattys
  (S. 12)

Außerdem:
> 4 Eisbergsalat-Blätter
> 1–2 Tomaten • 2 Feigen
> ½ rote Zwiebel
> 100 g Halloumi
> 15 g Salbei • 2 EL Olivenöl
> Salz • Pfeffer aus der Mühle
> Öl zum Ausbacken

· ALPINE ·

Spießbraten | Bergkäse | Bacon | Sauerkraut | Béarnaise-Mayo | süßer Senf | Röstzwiebeln

TIPP

Für einen Extra-Knusper-Kick den Burger noch mit einem Rösti veredeln (Rezept S. 53). Den Rösti zwischen Bacon und Patty einsortieren. Die Röstzwiebeln in diesem Fall weglassen.

> Burgels, Mayo und Röstzwiebeln wie in den Rezepten beschrieben zubereiten.

> Den Backofen auf 100 °C Umluft vorheizen. In einer großen Pfanne 1 EL Öl erhitzen. Die Bratenscheiben darin auf beiden Seiten kurz anbraten. Herausnehmen, auf das mit Backpapier belegte Ofengitter in den Backofen legen, den Käse darauflegen und 8 bis 10 Minuten überbacken. Die Burgels halbieren und im Ofen 6 bis 8 Minuten erwärmen.

> Den Salat waschen und trocken schütteln, die Blätter nach Belieben noch etwas klein zupfen. Das restliche Öl in der Pfanne erhitzen und den Bacon darin auf beiden Seiten knusprig braten.

> Die unteren Hälften der Burgels mit je 1 EL Béarnaise-Mayo bestreichen, die Salatblätter darauflegen, das Sauerkraut darauf verteilen und den Bacon und die Pattys darauflegen. Je 1 EL Senf daraufgeben, die Röstzwiebeln darüberstreuen. Die oberen Burgel-Hälften mit restlicher Béarnaise-Mayo bestreichen, daraufsetzen und die Burger sofort servieren.

Zutaten für 4 Burger

Zum Vorbereiten:
> 4 Laugen-Burgels mit Sesam-Topping (S. 11)
> 6 EL Béarnaise-Mayo (S. 113)
> 4 EL Röstzwiebeln (S. 124)

Außerdem:
> 1 ½ EL Öl • 4 Scheiben Spießbraten (à ca. 125 g, fertig gegart; vom Metzger; ersatzweise Kasseler)
> 4 Scheiben Bergkäse (z. B. Stilfser)
> 4 Eichblattsalat-Blätter
> 4–8 Scheiben Bacon (Frühstücksspeck)
> 200 g Sauerkraut (gegart)
> 4 EL süßer Senf

LEVANTE

· ORIENT-EXPRESS ·

**Lammfleisch | Hummus | Minz-Joghurt | Rotkohl | marinierte Auberginen
Tomate | rote Zwiebel**

> Buns, Joghurt und Krautsalat wie in den Rezepten beschrieben zubereiten, Pattys vorbereiten. Die Aubergine putzen, waschen und in dünne Scheiben schneiden. 2 EL Olivenöl mit Honig und Essig verrühren, den Knoblauch schälen und 1 Zehe dazupressen. Mit Salz und Pfeffer würzen. Auberginenscheiben in 2 EL Olivenöl auf beiden Seiten anbraten, aus der Pfanne nehmen, mit der Marinade bestreichen und mindestens 10 Minuten ziehen lassen.

> Für den Hummus Kichererbsenmus, Sesammus, Limettensaft und restlichen Honig verrühren. Übrigen Knoblauch dazupressen. Mit Salz, Pfeffer und Kreuzkümmel abschmecken. Den Salat waschen und trocken schütteln, die Blätter nach Belieben etwas klein zupfen. Die Tomaten waschen und in Scheiben schneiden, dabei die Stielansätze entfernen. Die Zwiebel schälen und in feine Ringe schneiden.

> Backofen auf 100 °C Umluft vorheizen. Buns halbieren und im Ofen 6 bis 8 Minuten erwärmen. Pattys im Olivenöl 3 bis 4 Minuten braun braten. Wenden, salzen, pfeffern und 3 bis 4 Minuten fertig braten.

> Die unteren Hälften der Buns mit je 1 EL Hummus bestreichen, die Salatblätter darauflegen, den Krautsalat darauf verteilen und die Pattys darauflegen. Je 2 EL Minz-Joghurt daraufgeben, Auberginenscheiben, je 2 bis 3 Tomatenscheiben und Zwiebelringe darüberschichten. Die oberen Bun-Hälften mit je 1 EL Hummus bestreichen, daraufsetzen und die Burger sofort servieren.

Zutaten für 4 Burger

Zum Vorbereiten:
> 4 Oriental Buns (S. 11)
> 8 EL Minz-Joghurt (S. 121)
> 8 EL Rotkohlsalat (siehe Krautsalat S. 134; statt Weißkohl Rotkohl verwenden)
> 4 Oriental Lamb Pattys (S. 14)

Außerdem:
> 150 g Aubergine • 5 EL Olivenöl
> 3 TL Honig • 1 EL Rotweinessig
> 2 Knoblauchzehen • Salz • Pfeffer
> 200 g Kichererbsenmus (aus der Dose)
> 2 EL Sesammus • 4 EL Limettensaft
> 1 Msp. Kreuzkümmel
> 4 Eisbergsalat-Blätter • 1–2 Tomaten
> 1 rote Zwiebel

· LEVANTE ·

Pulled Lamb | Feta | Minz-Joghurt | Hot-Chili-Sauce
Tomate | Gurke | rote Zwiebel

❯ Mit der Zubereitung des Pulled Lamb mindestens 34 Stunden vor dem Essen beginnen.

❯ Zum Servieren Buns und Saucen wie in den Rezepten beschrieben zubereiten.

❯ Den Salat waschen und trocken schütteln, die Blätter nach Belieben etwas klein zupfen. Die Tomate und die Gurke waschen, die Zwiebel schälen. Alles in kleine Würfel schneiden, dabei den Stielansatz der Tomate entfernen. Die Gemüsewürfel mit Sumach und Limettensaft mischen und mit Salz würzen. Den Feta fein zerbröckeln.

❯ Den Backofen auf 100 °C Umluft vorheizen. Die Buns halbieren und im Ofen auf dem mit Backpapier belegten Ofengitter 6 bis 8 Minuten erwärmen.

❯ Die unteren Hälften der Buns mit dem Salat belegen und das Pulled Lamb daraufhäufen. Minz-Joghurt und Hot-Chili-Sauce darüberträufeln. Den Gurken-Zwiebel-Tomaten-Mix und den Feta darüberstreuen. Die oberen Bun-Hälften daraufsetzen und die Burger sofort servieren.

Zutaten für 4 Burger

Zum Vorbereiten:
❯ 4 Portionen Pulled Lamb (S.19)
❯ 4 Oriental Buns (S.11)
❯ 4 EL Minz-Joghurt (S.121)
❯ 4 EL Hot-Chili-Sauce (S.117)

Außerdem:
❯ 4 Eisbergsalat-Blätter
❯ 1 Tomate • 50 g Salatgurke
❯ ½ rote Zwiebel
❯ 1 TL Sumach (oriental. Gewürz)
❯ 2 TL Limettensaft • Salz
❯ 50 g Schafskäse (Feta)

· BIFTEKI DE LUXE ·

Lammfleisch mit Fetafüllung | Gurke | Tomate | marinierte Zwiebeln | Tsatsiki | Peperoni

› Buns und Tsatsiki wie in den Rezepten beschrieben zubereiten. Die Patty-Masse vorbereiten. Den Schafskäse zerbröckeln. Zunächst in der Burgerpresse 8 dünne Pattys pressen. Dann jeweils 1 Patty wieder in die Presse legen, etwas Schafskäse darüberstreuen, ein zweites Patty darauflegen und alles zu einem dicken Patty pressen. Die übrigen Bifteki-Pattys genauso zubereiten.

› Zwiebel schälen und in feine Würfel schneiden. Mit Essig, 2 TL Olivenöl, Oregano und Paprikapulver mischen und mit Salz würzen. Die Gurke in Scheiben schneiden. Die Tomaten waschen und in dünne Scheiben schneiden, dabei die Stielansätze entfernen. Die Peperoni abtropfen lassen und in Ringe schneiden. Den Salat waschen und trocken schütteln, die Blätter nach Belieben etwas klein zupfen.

› Backofen auf 100 °C Umluft vorheizen. Die Buns halbieren und im Ofen auf dem mit Backpapier belegten Ofengitter 6 bis 8 Minuten erwärmen. Das restliche Olivenöl in einer großen Grillpfanne erhitzen und die Pattys darin 3 bis 4 Minuten braten. Wenden, mit Salz und Pfeffer würzen und 3 bis 4 Minuten fertig braten. Herausnehmen und auf Küchenpapier abtropfen lassen.

› Die unteren Hälften der Buns mit je 1 EL Tsatsiki bestreichen, den Salat, 2 bis 3 Tomatenscheiben und die Pattys darauflegen. Gurkenscheiben, marinierte Zwiebeln und Peperoni darauf verteilen. Die oberen Bun-Hälften mit dem restlichen Tsatsiki bestreichen, daraufsetzen und die Burger sofort servieren.

Zutaten für 4 Burger

Zum Vorbereiten:
› 4 Oriental Buns (S. 11)
› 8 EL Tsatsiki (S. 121)
› 4 Oriental Lamb Pattys (S. 14) oder Mediterranean Pork Pattys (S. 12)

Außerdem:
› 80 g Schafskäse (Feta)
› 1 Zwiebel

› 2 TL Rotweinessig
› 1–2 EL Olivenöl
› 1 TL getrockneter Oregano
› ½ TL Paprikapulver (edelsüß)
› Salz • 60 g Salatgurke
› 1–2 Tomaten
› 8 eingelegte Peperoni
› 4 Eisbergsalat-Blätter
› Pfeffer aus der Mühle

BURGER MIT

· MR. LAVAMAN ·

**Crispy Chicken | Erdnusssauce | Gurke | rote Zwiebel | Koriander
Frühlingszwiebel | Hot-Chili-Sauce**

❯ Buns und Hot-Chili-Sauce wie in den Rezepten beschrieben zubereiten, Pattys vorbereiten. Für die Erdnusssauce Zwiebel und Knoblauch schälen, eine Zwiebelhälfte in feine Streifen, den Rest in feine Würfel schneiden. Die Zwiebelwürfel in einem Topf in 1 EL Öl andünsten. Knoblauch, Ingwer und Currypaste hinzufügen und kurz mitdünsten. Zucker dazugeben, leicht karamellisieren und mit Sojasauce, 2 EL Limettensaft und 100 ml Wasser ablöschen und kurz köcheln lassen. Erdnussmus unterrühren und die Sauce dicklich einkochen lassen. Mit Salz abschmecken und mit Wasser verdünnen, bis sie zähflüssig ist.

❯ Salat waschen und trocken schleudern, nach Belieben etwas klein zupfen. Die Gurke waschen und in dünne Scheiben schneiden. Die Frühlingszwiebel putzen, waschen, längs vierteln und in Streifen schneiden. Koriander waschen und trocken tupfen, die Blätter abzupfen. Gurke, Zwiebelstreifen, Frühlingszwiebel und Koriander mit dem restlichen Limettensaft mischen und mit etwas Salz würzen.

❯ Den Backofen auf 100 °C Umluft vorheizen. Die Buns halbieren und im Ofen auf dem mit Backpapier belegten Ofengitter 6 bis 8 Minuten erwärmen. Etwa 1 cm hoch Öl in einer großen Pfanne erhitzen und die Pattys darin auf beiden Seiten 3 bis 4 Minuten goldbraun ausbacken.

❯ Untere Bun-Hälften mit je 2 TL Erdnusssauce bestreichen und mit Salat, je 1 EL Gurken-Zwiebel-Mix und Pattys belegen. Je 2 EL Erdnusssauce und 2 TL Hot-Chili-Sauce daraufgeben und den restlichen Gurken-Zwiebel-Mix darüberschichten. Obere Bun-Hälften daraufsetzen.

Zutaten für 4 Burger

Zum Vorbereiten:
❯ 4 Basic Buns mit Chili-Topping (S.8)
❯ 8 TL Hot-Chili-Sauce (S.117)
❯ 4 Crispy Chicken Pattys (S.14)

Außerdem:
❯ 1 rote Zwiebel • 1 Knoblauchzehe
❯ Öl zum Braten bzw. Ausbacken

❯ 1 TL Ingwerpulver
❯ 1 TL rote Currypaste
❯ 1 ½ EL brauner Zucker
❯ 1 EL Sojasauce
❯ ca. 2 ½ EL Limettensaft
❯ 50 g Erdnussmus • Salz
❯ 12 Romana-Salatherz-Blätter
❯ 50 g Salatgurke • 1 Frühlingszwiebel
❯ 4 Stiele Koriander

MUCHO MANGO

CALIFORNIA HERE I COME

· MUCHO MANGO ·

Crispy Chicken | Mango-Ketchup | Mango | Tomate | Koriander | Limetten-Mayo

> Buns und Saucen wie in den Rezepten beschrieben zubereiten, Pattys vorbereiten. Salatblätter waschen und trocken schleudern, nach Belieben etwas klein zupfen. Die Zwiebel schälen und in kleine Würfel schneiden. Die Tomaten waschen und in dünne Scheiben schneiden, dabei die Stielansätze entfernen. Mango ebenfalls in dünne Scheiben schneiden. Den Koriander waschen und trocken tupfen, die Blätter abzupfen.

> Den Backofen auf 100 °C Umluft vorheizen. Die Buns halbieren und im Ofen auf dem mit Backpapier belegten Ofengitter 6 bis 8 Minuten erwärmen. Etwa 1 cm hoch Öl in einer großen Pfanne erhitzen und die Pattys darin auf beiden Seiten jeweils 3 bis 4 Minuten ausbacken. Pattys aus der Pfanne nehmen und auf Küchenpapier abtropfen lassen.

> Die unteren Hälften der Buns mit je 2 TL Limetten-Mayo bestreichen und mit den Salatblättern, Mangoscheiben und den Pattys belegen. Je 1 ½ EL Mango-Ketchup daraufgeben und nacheinander je 3 Tomatenscheiben, die Zwiebelwürfel und den Koriander darüberschichten. Die oberen Bun-Hälften mit der restlichen Limetten-Mayo bestreichen, daraufsetzen und die Burger sofort servieren.

Zutaten für 4 Burger

Zum Vorbereiten:
> 4 Basic Buns mit Chili- oder Chiasamen-Topping (S.8)
> 6 EL Mango-Ketchup (S.116)
> 6 EL Limetten-Mayo (S.113)
> 4 Crispy Chicken Pattys (S.14)

Außerdem:
> 2 Handvoll Mesclun-Salat (gemischte Blattsalate)
> ½ rote Zwiebel • 1–2 Tomaten
> 100 g Mangofruchtfleisch
> 4 Stiele Koriander
> Öl zum Ausbacken

· CALIFORNIA HERE I COME ·

Crispy Chicken | Guacamole | Garnelen | Fresh Pineapple Salsa | Tomate

> Buns und Saucen wie in den Rezepten beschrieben zubereiten, Pattys vorbereiten. Limettensaft, Agavendicksaft und Chipotle-Flocken verrühren. Knoblauch schälen und dazupressen. Mit etwas Salz und Pfeffer würzen. Die Garnelen auf einem Sieb abbrausen und abtropfen lassen. Die Garnelen in der Marinade wenden und mindestens 15 Minuten marinieren.

> Die Salatblätter waschen und trocken schleudern, nach Belieben etwas klein zupfen. Die Tomaten waschen und in Scheiben schneiden, dabei die Stielansätze entfernen.

> Den Backofen auf 100 °C Umluft vorheizen. Die Buns halbieren und im Ofen auf dem mit Backpapier belegten Ofengitter 6 bis 8 Minuten erwärmen. Etwa 1 cm hoch Öl in einer großen Pfanne erhitzen und die Pattys darin auf beiden Seiten jeweils 3 bis 4 Minuten ausbacken. Die Pattys auf Küchenpapier abtropfen lassen und im Ofen warm halten. Die Garnelen aus der Marinade nehmen und trocken tupfen. In einer Pfanne 1 EL Öl erhitzen und die Garnelen darin etwa 2 Minuten rundum anbraten. Vom Herd nehmen.

> Die unteren Hälften der Buns mit je 1 EL Guacamole bestreichen und mit den Salatblättern und den Pattys belegen. Je 3 Tomatenscheiben, 1½ EL gut abgetropfte Salsa und die Garnelen daraufgeben. Die oberen Bun-Hälften mit der restlichen Guacamole bestreichen, daraufsetzen und die Burger sofort servieren.

Zutaten für 4 Burger

Zum Vorbereiten:
> 4 Basic Buns mit Chiasamen-Topping (S.8)
> 8 EL Guacamole (S.119)
> 6 EL Fresh Pineapple Salsa (S.118)
> 4 Crispy Chicken Pattys (S.14)

Außerdem:
> 1 EL Limettensaft
> 1 TL Agavendicksaft
> ½ TL Chipotle-Flocken
> 1 Knoblauchzehe
> Salz • Pfeffer aus der Mühle
> 16 Garnelen (geschält; küchenfertig)
> 8 Romana-Salatherz-Blätter
> 1–2 Tomaten
> Öl zum Ausbacken

· GRIZZLY ·

Lachs | Rucola | Gurken-Apfel-Relish | Tomate | Senf-Meerrettich-Mayo | Kresse

TIPP

Der Burger schmeckt auch hervorragend mit Flammlachs. Dafür wird ein Lachsfilet mit einer Gewürzmischung eingerieben, auf einem speziellen Flammlachsbrett aus Buchenholz fixiert und am offenen Feuer, z.B. an einer Feuerschale, gegart. Flammlachs-Sets sind mittlerweile, besonders im Internet, in vielerlei Ausführung erhältlich.

> Burgels und Saucen wie in den Rezepten beschrieben zubereiten. Rucola verlesen, waschen und trocken schleudern, grobe Stiele entfernen. Die Tomaten waschen und in dünne Scheiben schneiden, dabei die Stielansätze entfernen. Fischfilets waschen und mit Küchenpapier trocken tupfen. Mit Limettensaft einreiben und mit Salz und Pfeffer würzen.

> Den Backofen auf 100 °C Umluft vorheizen. Die Burgels halbieren und im Ofen auf dem mit Backpapier belegten Ofengitter 6 bis 8 Minuten erwärmen. Das Öl in einer großen Pfanne erhitzen. Die Lachsfilets darin 2 bis 3 Minuten anbraten, wenden und 2 bis 3 Minuten fertig braten, sodass sie innen noch ganz leicht glasig sind.

> Die unteren Hälften der Burgels mit je 1 EL Senf-Meerrettich-Mayo bestreichen und mit dem Rucola und dem Lachs belegen. Je 1½ EL Relish und 3 Tomatenscheiben daraufgeben. Die Kresse vom Beet schneiden, waschen, trocken tupfen und darüberstreuen. Die oberen Burgel-Hälften mit der restlichen Senf-Meerrettich-Mayo bestreichen, daraufsetzen und die Burger sofort servieren.

Zutaten für 4 Burger

Zum Vorbereiten:
> 4 Laugen-Burgels mit Sesam-Topping (S. 11)
> 6 EL Senf-Meerrettich-Mayo (S. 113)
> 6 EL Gurken-Apfel-Relish (S. 116)

Außerdem:
> 4 Handvoll Rucola
> 1–2 Tomaten
> 4 Lachsfilets (ohne Haut; à 125–150 g)
> 1 EL Limettensaft
> Salz • Pfeffer aus der Mühle
> 2 EL Öl
> 1 Beet Kresse

· YAKUZA ·

Sesam-Thunfisch | Gurke | Avocado | Wasabi-Mayo | Gari | Kresse | Algensalat

› Buns und Mayo wie in den Rezepten beschrieben zubereiten. Salat waschen und trocken schütteln, die Blätter nach Belieben etwas klein zupfen. Die Gurke waschen und in dünne Scheiben schneiden. Die Avocado schälen und in schmale Spalten schneiden. Die Thunfischsteaks waschen und mit Küchenpapier trocken tupfen. Mit Limettensaft und Sojasauce einreiben, mit Salz und Pfeffer würzen und mit dem Sesam bestreuen.

› Den Backofen auf 100 °C Umluft vorheizen. Die Buns halbieren und im Ofen auf dem mit Backpapier belegten Ofengitter 6 bis 8 Minuten erwärmen. Das Erdnussöl in einer großen Pfanne erhitzen und die Thunfischsteaks darin 2 Minuten anbraten. Wenden und 2 Minuten fertig braten, sodass sie innen noch glasig sind.

› Die unteren Hälften der Buns mit je 1 EL Wasabi-Mayo bestreichen und mit dem Blattsalat, dem Algensalat und dem Thunfisch belegen. Je 1 TL Wasabi-Mayo daraufgeben und Ingwer, Avocado und Gurke darüberschichten. Die Kresse vom Beet schneiden, waschen, trocken tupfen und darüberstreuen. Die oberen Bun-Hälften mit der restlichen Wasabi-Mayo bestreichen, daraufsetzen und die Burger sofort servieren.

Zutaten · für 4 Burger ·

Zum Vorbereiten:
› 4 Basic Buns mit Sesam-Topping (S. 8)
› 8 EL Wasabi-Mayo (S. 113)

Außerdem:
› 4 Friséesalat-Blätter
› 50 g Salatgurke
› ¼ Avocado

› 4 Thunfischsteaks (à ca. 125 g)
› Limettensaft
› Sojasauce
› Salz • Pfeffer aus der Mühle
› 2–3 EL ungeschälter Sesam (Bioladen)
› 2–3 EL Erdnussöl
› 8 EL Algensalat (vom Fischhändler)
› 12 Scheiben eingelegter Ingwer (Gari)
› 1 Beet Shizo-Kresse (oder Gartenkresse)

FISCHKOPP

WESTERLAND

· FISCHKOPP ·

Fish Patty | dänische Remoulade | Gurke | Heringssalat | Zwiebel

TIPP

Zu diesem deftigen Burger passt am besten ein herbes Pils oder ein frisches Lagerbier. Zudem ist er nach einer durchzechten Nacht (mit reichlich Biergenuss) das perfekte Katerfrühstück.

> Buns und Sauce wie in den Rezepten beschrieben zubereiten, Pattys vorbereiten. Salat waschen und trocken schleudern, Blätter nach Belieben etwas klein zupfen. Die Gurke waschen und in dünne Scheiben schneiden. Die Zwiebel schälen und in feine Würfel schneiden.

> Den Backofen auf 100 °C Umluft vorheizen. Die Buns halbieren und im Ofen auf dem mit Backpapier belegten Ofengitter 6 bis 8 Minuten erwärmen. Zu gleichen Teilen Öl und Butterschmalz 1 cm hoch in einer großen Pfanne erhitzen und die Pattys darin 3 bis 4 Minuten ausbacken. Wenden und 3 bis 4 Minuten fertig ausbacken. Die Pattys aus der Pfanne nehmen und auf Küchenpapier abtropfen lassen.

> Die unteren Hälften der Buns mit je ½ EL Remoulade bestreichen, den Salat und die Gurkenscheiben darauf verteilen und die Pattys darauflegen. Je 1 ½ EL Heringssalat daraufgeben und die Zwiebelwürfel darüberstreuen. Die oberen Bun-Hälften mit der restlichen Remoulade bestreichen, daraufsetzen und die Burger sofort servieren. Dazu schmecken Kartoffel-Wedges (siehe S. 126).

Zutaten für 4 Burger

Zum Vorbereiten:
> 4 Basic Buns mit Zwiebel-Topping (S. 8)
> 4 EL dänische Remoulade (S. 113)
> 4 Fish Pattys (S. 15)

Außerdem:
> 8 Romana-Salatherz-Blätter
> 50 g Salatgurke
> 1 weiße Zwiebel
> Öl und Butterschmalz zum Ausbacken
> ca. 6 EL Heringssalat (Fertigprodukt)

· WESTERLAND ·

Fish Patty | Wasabi-Mayo | Gurken-Apfel-Relish | Nordseekrabben | Kräutermix | Kaviar

> Buns und Saucen wie in den Rezepten beschrieben zubereiten, Pattys vorbereiten. Salat waschen und trocken schleudern. Kräuter waschen und trocken tupfen. Blätter bzw. Spitzen abzupfen und fein hacken. Die Krabben auf einem Sieb kalt abbrausen und abtropfen lassen.

> Den Backofen auf 100 °C Umluft vorheizen. Die Buns halbieren und im Ofen auf dem mit Backpapier belegten Ofengitter 6 bis 8 Minuten erwärmen. Zu gleichen Teilen Öl und Butterschmalz 1 cm hoch in einer großen Pfanne erhitzen und die Pattys darin 3 bis 4 Minuten ausbacken. Wenden und 3 bis 4 Minuten fertig ausbacken. Die Pattys aus der Pfanne nehmen und auf Küchenpapier abtropfen lassen.

> Die unteren Hälften der Buns mit je 1 EL Wasabi-Mayo bestreichen. Salatblätter darauflegen, je 1 EL Relish daraufgeben und die Pattys darauflegen. Je 1 TL Wasabi-Mayo daraufgeben. Krabben, Kräuter und zuletzt den Kaviar daraufgeben. Die oberen Bun-Hälften mit der restlichen Wasabi-Mayo bestreichen und daraufsetzen.

TIPP

Wie wäre es mal mit einem Burger de luxe? Dafür toppen Sie die Buns vor dem Backen mit essbaren Goldflocken und ersetzen den Lachskaviar durch schwarzen Kaviar. Servieren Sie die Luxus-Burger dann ganz stilecht mit einem Glas feinstem Champagner.

Zutaten für 4 Burger

Zum Vorbereiten:
> 4 Basic Buns mit Pfeffer-Topping (S.8)
> 6 EL Wasabi-Mayo (S.113)
> 4 EL Gurken-Apfel-Relish (S.116)
> 4 Fish Pattys (S.15)

Außerdem:
> 4 Bataviasalat-Blätter
> 1 Handvoll gemischte Kräuter (z.B. Dill, Petersilie, Kerbel)
> 4 EL Nordseekrabben (vorgegart und geschält)
> Öl und Butterschmalz zum Ausbacken • 4 TL Lachskaviar

· SMÖRGASBORD ·

Shrimps | Graved Lachs | Gurke | Limetten-Mayo | Gurken-Apfel-Relish | Dill

> Buns und Saucen wie in den Rezepten beschrieben zubereiten, Pattys vorbereiten. Salat waschen und trocken schleudern. Dill waschen und trocken tupfen, die Spitzen abzupfen und fein hacken. Die Gurke waschen und in dünne Scheiben schneiden.

> Den Backofen auf 100 °C Umluft vorheizen. Die Buns halbieren und im Ofen auf dem mit Backpapier belegten Ofengitter 6 bis 8 Minuten erwärmen. Das Öl in einer großen Pfanne erhitzen und die Pattys darin etwa 3 Minuten braten. Wenden und etwa 3 Minuten fertig braten. Die Pattys aus der Pfanne nehmen und auf Küchenpapier abtropfen lassen.

> Die unteren Hälften der Buns mit je 1 EL Limetten-Mayo bestreichen. Salatblätter, Graved Lachs und die Pattys darauflegen. Je 1 EL Relish, Gurkenscheiben und den Dill darüberschichten. Die oberen Bun-Hälften mit der restlichen Limetten-Mayo bestreichen, daraufsetzen und die Burger sofort servieren.

Zutaten für 4 Burger

Zum Vorbereiten:
> 4 Vollkorn-Buns mit Haferflocken- oder Sonnenblumenkern-Topping (S.10)
> 6 EL Limetten-Mayo (S.113)
> 4 EL Gurken-Apfel-Relish (S.116)
> 4 Shrimp Pattys (S.15)

Außerdem:
> 8 Kopfsalat-Blätter
> 2 Stiele Dill
> 50 g Salatgurke
> 3–4 EL Öl
> 4 Scheiben Graved Lachs

· K-TOWN NYC ·

Ramen-Nudeln | Shrimps | Rucola | Kimchi | Miso-Mayo | Frühlingszwiebeln

❯ Saucen wie in den Rezepten beschrieben zubereiten, Pattys vorbereiten. Die Nudeln nach Packungsanweisung in Salzwasser bissfest garen, in ein Sieb abgießen, abtropfen und abkühlen lassen. Rucola verlesen, waschen und trocken schleudern, grobe Stiele entfernen. Frühlingszwiebeln putzen, waschen und in Ringe schneiden.

❯ Den Backofen auf 100 °C Umluft vorheizen. Aus den Nudeln in der Burgerpresse 8 Platten pressen. Etwas Öl in einer großen Pfanne erhitzen und die Hälfte der Nudelplatten darin 3 bis 4 Minuten knusprig braten. Wenden und 3 bis 4 Minuten fertig braten. Auf Küchenpapier abtropfen lassen und im Ofen warm halten. Die restlichen Nudelplatten auf dieselbe Weise braten und warm halten.

❯ Dann die Pattys in der Pfanne im übrigen Öl etwa 3 Minuten anbraten, wenden und etwa 3 Minuten fertig braten. Aus der Pfanne nehmen und auf Küchenpapier abtropfen lassen.

❯ Je 1 Nudelplatte auf vier Teller legen. Jeweils mit 2 TL Miso-Mayo bestreichen und Rucola und Kimchi darauf verteilen. Die Pattys darauflegen und je 2 TL Hot-Chili-Sauce daraufgeben. Die Frühlingszwiebeln darüberstreuen, die restlichen Nudelplatten daraufsetzen und die Burger sofort servieren.

· Zutaten für 4 Burger ·

Zum Vorbereiten:
❯ 8 TL Miso-Mayo (S.113)
❯ 8 TL Hot-Chili-Sauce (S.117)
❯ 4 Shrimp Pattys (S.15)

Außerdem:
❯ 300 g lange Ramen- oder Mie-Nudeln • Salz
❯ 4 Handvoll Rucola
❯ 2 Frühlingszwiebeln
❯ 6 EL Öl
❯ 4 EL Kimchi (korean. fermentierter Chinakohl; Fertigprodukt)

· SANTIAGO ·

Jakobsmuscheln | Limetten-Mayo | Mojo verde picante | Pimientos de padrón | Bacon

> Buns und Saucen wie in den Rezepten beschrieben zubereiten, Pattys vorbereiten. Salat waschen und trocken schleudern, nach Belieben etwas klein zupfen. Pimientos waschen und trocken tupfen. Jakobsmuscheln waschen und mit Küchenpapier trocken tupfen.

> Den Backofen auf 100 °C Umluft vorheizen. Die Buns halbieren und im Ofen auf dem mit Backpapier belegten Ofengitter 6 bis 8 Minuten erwärmen.

> Das Olivenöl in einer Pfanne erhitzen und die Jakobsmuscheln darin 2 Minuten anbraten, bis sie leicht gebräunt sind. Wenden und 2 Minuten fertig braten, zuletzt kurz auf den Seiten braten. Mit Salz und Pfeffer würzen und herausnehmen. In der Pfanne die Bacon-Scheiben auf jeder Seite und die Pimientos rundum anbraten.

> Die unteren Hälften der Buns mit den Salatblättern belegen und je 1 EL Mojo verde daraufgeben. Nacheinander je 3 Jakobsmuscheln, 2 Bacon-Scheiben, 2 TL Limetten-Mayo und 3 Pimientos daraufschichten. Die oberen Bun-Hälften daraufsetzen und die Burger sofort servieren.

Zutaten für 4 Burger

Zum Vorbereiten:
> 4 Basic Buns mit Rosmarin-Topping (S. 8)
> 8 TL Limetten-Mayo (S. 113)
> 4 EL Mojo verde picante (S. 119)

Außerdem:
> 12 kleine Romana-Salatherz-Blätter
> 12 kleine Pimientos de padrón
> 12 Jakobsmuscheln (küchenfertig)
> 1–2 EL Olivenöl
> Salz • Pfeffer aus der Mühle
> 8 Scheiben Bacon (Frühstücksspeck)

BEST OF

★ VEGGIE & VEGAN BURGER ★

· VEGGIE BBQ ·

Cheese Patty | Grillgemüse | Whiskey-Barbecue-Sauce | Mais-Bohnen-Salat

❯ Buns, Sauce und Salat wie in den Rezepten beschrieben zubereiten, Pattys vorbereiten. Salatblätter waschen und trocken schleudern, nach Belieben etwas klein zupfen. Die Zwiebel schälen und in Ringe schneiden. Die Paprikaschote längs halbieren, entkernen, waschen und in Streifen schneiden. Die Tomaten waschen und halbieren.

❯ Den Backofen auf 100 °C Umluft vorheizen. In einer Grillpfanne 1 EL Olivenöl erhitzen und Zwiebel und Paprika darin braten, bis sie leicht gebräunt sind. Tomaten dazugeben und kurz mitbraten, den Honig hinzufügen und karamellisieren. Mit Essig, Salz, Pfeffer und Cayennepfeffer abschmecken und alles aus der Pfanne nehmen.

❯ Die Buns halbieren und im Ofen auf dem mit Backpapier belegten Ofengitter 6 bis 8 Minuten erwärmen. Das restliche Olivenöl in einer großen Pfanne erhitzen und die Pattys darin 3 bis 4 Minuten anbraten. Wenden, mit Salz und Pfeffer würzen und 3 bis 4 Minuten fertig braten. Die Pattys aus der Pfanne nehmen und auf Küchenpapier abtropfen lassen.

❯ Die unteren Hälften der Buns mit je 1 EL Whiskey-Barbecue-Sauce bestreichen und mit den Salatblättern, dem Mais-Bohnen-Salat und den Pattys belegen. Darauf das gegrillte Gemüse verteilen, die oberen Bun-Hälften ebenfalls mit Whiskey-Barbecue-Sauce bestreichen, daraufsetzen und die Burger sofort servieren.

Zutaten für 4 Burger

Zum Vorbereiten:
❯ 4 Basic Buns mit Mais- oder Cornflakes-Topping (S.8)
❯ 8 EL Whiskey-Barbecue-Sauce (S.117)
❯ 8 EL Mais-Bohnen-Salat (S.133)
❯ 4 Cheese Pattys (S.16)

Außerdem:
❯ 8 Romana-Salatherz-Blätter
❯ 1 rote Zwiebel
❯ 1 rote Spitzpaprikaschote
❯ 8 Cocktailtomaten
❯ 2–3 EL Olivenöl • 1 TL Honig
❯ 1 TL Balsamico bianco
❯ Salz • Pfeffer • Cayennepfeffer

DON QUIJOTE

QUATTRO FORMAGGI

· DON QUIJOTE ·

Manchego | Mojo verde picante | Grillgemüse | Knoblauch-Mayo

> Buns und Saucen wie in den Rezepten beschrieben zubereiten. Die Paprikaschote längs halbieren, entkernen, waschen und in Streifen schneiden. Die Tomate waschen, vierteln und in Würfel schneiden, dabei den Stielansatz entfernen.

> Den Backofen auf 100 °C Umluft vorheizen. Das Olivenöl in einer Grillpfanne erhitzen und die Paprika darin rundum anbraten. Tomatenwürfel und nach Belieben Chorizo dazugeben und kurz mitgrillen, Honig hinzufügen und karamellisieren. Mit Essig, Salz, Pfeffer und Cayennepfeffer würzen und alles aus der Pfanne nehmen.

> Für die Pattys Mehl und Weißbrotbrösel jeweils in einen tiefen Teller geben. Das Ei in einem tiefen Teller verquirlen. Knoblauch schälen, dazupressen und unterrühren. Die Manchego-Scheiben zunächst im Mehl wenden, dann durch das Ei ziehen und zuletzt mit den Bröseln panieren. Erneut durchs Ei ziehen und in den Bröseln wenden.

> Die Buns halbieren und im Ofen auf dem mit Backpapier belegten Ofengitter 6 bis 8 Minuten erwärmen. Etwa 1 cm hoch Öl in einer großen Pfanne erhitzen und die Pattys darin auf beiden Seiten ausbacken. Auf Küchenpapier abtropfen lassen. Die unteren Hälften der Buns mit Knoblauch-Mayo bestreichen und mit den Manchego-Pattys belegen. Je 1 EL Mojo verde und das gegrillte Gemüse darauf verteilen, die oberen Bun-Hälften mit der restlichen Knoblauch-Mayo bestreichen, daraufsetzen und die Burger sofort servieren. Dazu schmecken Süßkartoffel-Fries (siehe S. 127).

Zutaten für 4 Burger

Zum Vorbereiten:
> 4 Oriental Buns (S.11)
> 4 EL Mojo verde picante (S.119)
> 4 EL Knoblauch-Mayo (S.113)

Außerdem:
> 1 rote Spitzpaprikaschote
> 1 Tomate • 1 EL Olivenöl

> 8 dünne Scheiben Chorizo (nach Belieben)
> 1 TL Honig
> 1 TL Balsamico bianco
> Salz • Pfeffer • Cayennepfeffer
> 50 g Mehl • 100 g Weißbrotbrösel
> 1 Ei • 1 Knoblauchzehe
> 4 Scheiben Manchego (à 100 g)
> Öl zum Ausbacken

· QUATTRO FORMAGGI ·

Cheese-Patty mit Gorgonzola | Parmesan | Tomate | Pesto | Knoblauch-Mayo

> Buns und Saucen wie in den Rezepten beschrieben zubereiten, Pattys vorbereiten. Salatblätter waschen und trocken schleudern, nach Belieben etwas klein zupfen. Tomaten waschen und in Scheiben schneiden, dabei die Stielansätze entfernen. Parmesan bzw. Pecorino grob hobeln. Den Gorgonzola in Scheiben schneiden.

> Den Backofen auf 100 °C Umluft vorheizen. Die Buns halbieren und im Ofen auf dem mit Backpapier belegten Ofengitter 6 bis 8 Minuten erwärmen.

> Das Olivenöl in einer großen Pfanne erhitzen, die Pattys darin anbraten, bis sie gut gebräunt sind. Wenden, mit dem Gorgonzola belegen und 3 bis 4 Minuten fertig braten. Dann die Pfanne vom Herd nehmen und die Pattys darin zugedeckt noch 1 Minute ziehen lassen. Herausnehmen und auf Küchenpapier abtropfen lassen.

> Die unteren Hälften der Buns mit der Hälfte der Knoblauch-Mayo bestreichen und mit den Salatblättern und den abgetropften Pattys belegen. Je 2 TL Pesto, 2 bis 3 Tomatenscheiben und den Parmesan bzw. Pecorino daraufgeben. Die oberen Bun-Hälften mit der restlichen Knoblauch-Mayo bestreichen, daraufsetzen und die Burger sofort servieren.

Zutaten für 4 Burger

Zum Vorbereiten:
> 4 Basic Buns mit Cheese-Topping (S.8)
> ca. 4 EL Knoblauch-Mayo (S.113)
> 8 TL Pesto alla genovese (S.120)
> 4 Cheese Pattys (S.16)

Außerdem:
> 8 Romana-Salatherz-Blätter
> 1–2 Tomaten
> 50 g Parmesan oder Pecorino (am Stück)
> 80 g Gorgonzola
> 2–3 EL Olivenöl

· BACK TO THE ROOTS ·

Grünkern-Patty | Coleslaw | Rote-Bete-Pickles | Süßkartoffel | Apfel | Ketchup

> Pickles bereits am Vortag zubereiten. Buns, Coleslaw und Ketchup wie in den Rezepten beschrieben zubereiten, Pattys vorbereiten. Salatblätter waschen und trocken schütteln, nach Belieben etwas klein zupfen. Rote-Bete-Pickles abtropfen lassen. Den Apfel waschen, halbieren und das Kerngehäuse entfernen. Die Apfelviertel in Scheiben schneiden.

> Den Backofen auf 100 °C Umluft vorheizen. Süßkartoffel schälen und in 12 Scheiben schneiden. In einem Topf 2 cm hoch Öl erhitzen und die Süßkartoffelscheiben darin etwa 5 Minuten hellbraun ausbacken. Herausnehmen, auf Küchenpapier abtropfen lassen, mit Salz und Cayennepfeffer würzen und im Backofen warm halten.

> Die Buns halbieren und im Ofen auf dem mit Backpapier belegten Ofengitter 6 bis 8 Minuten erwärmen. Das Olivenöl in einer Pfanne erhitzen und die Pattys darin 3 bis 4 Minuten anbraten. Wenden und 3 bis 4 Minuten fertig braten. Die Pattys aus der Pfanne nehmen und auf Küchenpapier abtropfen lassen.

> Die unteren Hälften der Buns mit je 1 bis 2 TL Ketchup bestreichen und mit den Salatblättern, je 2 EL Coleslaw und den Pattys belegen. Je 1 TL Ketchup daraufgeben und nacheinander je 3 Rote-Bete-, Süßkartoffel- und Apfelscheiben darüberschichten. Die oberen Bun-Hälften mit dem restlichen Ketchup bestreichen, daraufsetzen und die Burger sofort servieren.

Zutaten für 4 Burger

Zum Vorbereiten:
> 12 Scheiben Rote-Bete-Pickles (S.125)
> 4 Vollkorn-Buns mit Quinoa-Topping (S.10)
> 8 EL Coleslaw (S.132)
> ca. 6 EL Tomatenketchup (S.116)
> 4 Grünkern-Pattys (S.16)

Außerdem:
> 4 Lollo-rosso-Blätter
> ½ Apfel (z.B. Elstar)
> 100 g Süßkartoffel
> Öl zum Ausbacken
> Salz • Cayennepfeffer
> 2–3 EL Olivenöl

· GREEN HELL ·

Grünkern-Patty | Jalapeño-Salsa | Kräuter-Mayo | Spinatblätter | Gurke | Kresse

TIPP

Eine scharfe kräuterfrische Note erhalten die Burger, wenn Sie sie mit Mojo verde picante (S. 119) statt mit Jalapeño-Salsa zubereiten. Für vegane Burger Vollkorn-Buns und Grünkern-Pattys durch Vegan Buns (S. 10) und Seitan-Hirse-Pattys (S. 17) ersetzen. Für die Kräuter-Mayo vegane Mayo (S. 112) als Basis nehmen.

> Buns, Salsa und Mayo wie in den Rezepten beschrieben zubereiten, Pattys vorbereiten. Den Spinat verlesen, waschen und trocken schleudern. Die Gurke waschen und in Scheiben schneiden.

> Den Backofen auf 100 °C Umluft vorheizen. Die Buns halbieren und im Ofen auf dem mit Backpapier belegten Ofengitter 6 bis 8 Minuten erwärmen.

> Das Olivenöl in einer Pfanne erhitzen und die Pattys darin 3 bis 4 Minuten anbraten. Wenden und 3 bis 4 Minuten fertig braten. Aus der Pfanne nehmen und auf Küchenpapier abtropfen lassen.

> Die unteren Hälften der Buns mit je 1 EL Kräuter-Mayo bestreichen und mit den Spinatblättern und den Pattys belegen. Je 1 EL Jalapeño-Salsa daraufgeben und die Gurkenscheiben darüberschichten. Die Kresse vom Beet schneiden, waschen und darüberstreuen. Die oberen Bun-Hälften mit der restlichen Kräuter-Mayo bestreichen, daraufsetzen und die Burger sofort servieren.

Zutaten für 4 Burger

Zum Vorbereiten:
> 4 Vollkorn-Buns mit Hanf-Topping (S. 10)
> 8 EL Kräuter-Mayo (S. 113)
> 4 EL Jalapeño-Salsa (S. 118)
> 4 Grünkern-Pattys (S. 16)

Außerdem:
> 50 g junger Spinat
> 80 g Salatgurke
> 1 Kästchen Kresse
> 2–3 EL Olivenöl

· FLOWER POWER ·

Seitan-Hirse-Pattys | marinierte Champignons & Radieschen | Mojo verde | essbare Blüten

> Buns, Mojo verde picante und vegane Mayo wie in den Rezepten beschrieben zubereiten, Pattys vorbereiten. Die Champignons putzen, die Radieschen putzen und waschen. Beides in Scheiben schneiden. Den Knoblauch schälen und dazupressen. Essig und 2 EL Olivenöl dazugeben und verrühren. Mit Salz und Pfeffer würzen. Radicchio waschen und trocken schütteln.

> Den Backofen auf 100 °C Umluft vorheizen. Die Buns halbieren und im Ofen auf dem mit Backpapier belegten Ofengitter 6 bis 8 Minuten erwärmen.

> Das restliche Olivenöl in einer Pfanne erhitzen und die Pattys darin 3 bis 4 Minuten anbraten. Wenden und 3 bis 4 Minuten fertig braten. Aus der Pfanne nehmen und auf Küchenpapier abtropfen lassen.

> Die unteren Hälften der Buns mit je 1 bis 2 TL veganer Mayonnaise bestreichen und mit dem Radicchio, den marinierten Pilzen und Radieschen sowie den Pattys belegen. Je 1 EL Mojo verde daraufgeben und die Blüten darüberstreuen. Die oberen Bun-Hälften mit der restlichen veganen Mayo bestreichen, daraufsetzen und die Burger sofort servieren.

Zutaten für 4 Burger

Zum Vorbereiten:
> 4 Vegan Buns mit getrockneten Blüten (S. 10)
> 4 EL Mojo verde picante (S. 119; mit Agavendicksaft statt Honig)
> ca. 4 EL vegane Mayonnaise (S. 112)
> 4 Seitan-Hirse-Pattys (S. 17)

Außerdem:
> 6 Champignons • 6 Radieschen
> 1 Knoblauchzehe • 2 EL Weißweinessig
> 4–5 EL Olivenöl • Salz • Pfeffer a.d. Mühle
> 4 Radicchio-Blätter
> essbare Blüten (z.B. Gänseblümchen, Ringelblumen, Veilchen, Salbeiblüten, Speisechrysanthemen)

PHOENICIA

VEGAN DELIGHT

· PHOENICIA ·

Falafel-Patty | Sesamsauce | Tomate | Gurke | Hot-Chili-Sauce rote Zwiebel | Peperoni

▸ Am Vortag die Kichererbsen in reichlich Wasser einlegen und über Nacht quellen lassen. Am nächsten Tag Buns und Saucen wie in den Rezepten beschrieben zubereiten. Für die Pattys Kichererbsen in ein Sieb abgießen, abtropfen lassen. Knoblauch schälen und in Würfel schneiden. Kichererbsen und Knoblauch mit Limettensaft, Currypulver und Agavendicksaft fein pürieren und mit Salz und Cayennepfeffer abschmecken. Aus der Masse 4 etwa 1½ cm dicke Pattys formen.

▸ Salat waschen und trocken schütteln, die Blätter nach Belieben etwas klein zupfen. Tomaten und Gurke waschen und in Scheiben schneiden. Zwiebel schälen und mit den abgetropften Peperoni in Ringe schneiden.

▸ Den Backofen auf 100 °C Umluft vorheizen. Die Buns halbieren und im Ofen auf dem mit Backpapier belegten Ofengitter 6 bis 8 Minuten erwärmen. Etwa 2 cm hoch Öl in einer großen Pfanne erhitzen und die Pattys darin 3 bis 4 Minuten knusprig braun ausbacken. Wenden und 3 bis 4 Minuten fertig ausbacken. Pattys aus der Pfanne nehmen und auf Küchenpapier abtropfen lassen.

▸ Die unteren Hälften der Buns mit je 1 EL Sesamsauce bestreichen, Salat und Pattys darauflegen. Je 1 EL Hot-Chili-Sauce daraufgeben und Gurken, Tomaten, Zwiebeln und Peperoni darüberschichten. Die oberen Bun-Hälften mit der restlichen Sesamsauce bestreichen, daraufsetzen und die Burger sofort servieren.

Zutaten für 4 Burger

Zum Vorbereiten:
▸ 4 Vegan Buns mit Schwarzkümmel-Topping (S.10)
▸ 8 EL vegane Sesamsauce (S.121)
▸ 4 EL Hot-Chili-Sauce (S.117)

Außerdem:
▸ 200 g getrocknete Kichererbsen
▸ 2 Knoblauchzehen

▸ 3 EL Limettensaft
▸ 4 TL Currypulver
▸ 3 TL Agavendicksaft
▸ Salz • Cayennepfeffer
▸ 4 Eisbergsalat-Blätter
▸ 1–2 Tomaten • 60 g Salatgurke
▸ ½ rote Zwiebel
▸ 6 eingelegte Peperoni
▸ Öl zum Ausbacken

· VEGAN DELIGHT ·

**Seitan-Hirse-Patty | Schnittlauch-Dip | Rucola | Radieschen | Cocktailtomaten
Balsamico-Dressing**

> Buns und Saucen wie in den Rezepten beschrieben zubereiten, Pattys vorbereiten. Rucola verlesen, waschen und trocken schleudern, grobe Stiele entfernen. Radieschen putzen, waschen und in Scheiben schneiden. Tomaten waschen, halbieren und mit dem Balsamico-Dressing marinieren.

> Den Backofen auf 100 °C Umluft vorheizen. Die Buns halbieren und im Ofen auf dem mit Backpapier belegten Ofengitter 6 bis 8 Minuten erwärmen.

> Das Olivenöl in einer großen Pfanne erhitzen und die Pattys darin 3 bis 4 Minuten braun braten. Wenden und 3 bis 4 Minuten fertig braten. Herausnehmen und auf Küchenpapier abtropfen lassen.

> Die unteren Hälften der Buns mit je 1 EL Schnittlauch-Dip bestreichen, zwei Drittel des Rucolas darauf verteilen und die Pattys darauflegen. Die Hälfte des übrigen Schnittlauch-Dips daraufgeben, Radieschen und den restlichen Rucola darauf verteilen. Mit den marinierten Tomaten belegen. Die oberen Bun-Hälften mit dem übrigen Schnittlauch-Dip bestreichen, daraufsetzen und die Burger sofort servieren.

Zutaten für 4 Burger

Zum Vorbereiten:
> 4 Vegan Buns mit Hirseflocken-Topping (S. 10)
> 8 EL veganer Schnittlauch-Dip (S. 113)
> ½ Rezept Balsamico-Dressing (S. 135, Linsensalat; mit Agavendicksaft statt Honig)
> 4 Seitan-Hirse-Pattys (S. 17)

Außerdem:
> 4 Handvoll Rucola
> 8 Radieschen
> 16 Cocktailtomaten
> 2–3 EL Olivenöl

· SWEET SENSATION ·

Ananas-Patty | Berliner | Limettencreme | Kiwi | Himbeersauce | Basilikum

TIPP

Für Kinder besonders ansprechend sind die Burger, wenn die Berliner mit bunten Schokolinsen oder Zuckerperlen verziert sind. Wer beim Konditor solche verzierten Berliner nicht bekommt, kann selbst Hand anlegen: 100 g Puderzucker mit etwa 2 TL Zitronensaft verrühren, bis ein zähflüssiger Zuckerguss entstanden ist. Die Oberseite der Berliner vom losen Zucker befreien und mit dem Guss bepinseln. Schokolinsen bzw. Zuckerperlen daraufstreuen und den Guss fest werden lassen.

> Den Frischkäse, 3 EL Honig und Limettensaft verrühren. Die Himbeeren verlesen, waschen und mit dem restlichen Honig pürieren.

> Die Ananas schälen, den harten Strunk herausschneiden und das Fruchtfleisch in 4 Scheiben schneiden. Die Kiwis schälen und in dünne Scheiben schneiden. Die Basilikumblätter waschen und trocken tupfen.

> Die Berliner durchschneiden. Die Unterseiten mit der Hälfte der Limettencreme bestreichen und mit den Kiwischeiben belegen. Das Basilikum darauf verteilen und die Ananasscheiben darauflegen. Mit Himbeersauce beträufeln.

> Die oberen Berlinerhälften mit der restlichen Limettencreme bestreichen, daraufsetzen und die süßen Burger servieren.

Zutaten für 4 Burger

> 150 g Frischkäse
> 5 EL Honig
> 3 EL Limettensaft
> 125 g Himbeeren
> 1 Scheibe Ananas (ca. 5 cm dick)

> 2 Kiwis
> 15 Basilikumblätter
> 4 Berliner (Krapfen; z.B. mit Puderzucker oder bunten Schokolinsen verziert)

BEST BUDDIES

SAUCEN, BEILAGEN & SALATE

SCHNITT-
LAUCH-DIP

MAYONNAISE

VEGANE MAYONNAISE

WASABI-MAYO

COCKTAIL-MAYO

KRÄUTER-MAYO

BÉARNAISE-MAYO

LIMETTEN-MAYO

· MAYONNAISE ·

> Für dieses Rezept sollten alle Zutaten Zimmertemperatur haben. Nach Belieben die Knoblauchzehe schälen und halbieren, den Rührbecher damit ausreiben. Ei, je 2 TL Essig und Zitronensaft, Senf und 1 Prise Salz in den Rührbecher geben und mit dem Stabmixer kräftig verrühren.

> Das Öl zunächst tröpfchenweise dazugeben und jeweils untermixen, dann in einem dünnen Strahl bei laufendem Stabmixer dazulaufen lassen und weitermixen, bis eine cremige Mayonnaise entstanden ist.

> 2 TL Agavendicksaft und den Schmand untermixen. Mayonnaise mit Essig, Zitronensaft, Agavendicksaft, Salz und weißem Pfeffer abschmecken.

· VEGANE MAYONNAISE ·

> Für dieses Rezept sollten alle Zutaten Zimmertemperatur haben. Nach Belieben die Knoblauchzehe schälen und halbieren, den Rührbecher damit ausreiben.

> Sojacreme, Essig und 2 TL Zitronensaft, Senf, ½ TL Agavendicksaft, 1 Prise Salz und 1 Mini-Prise Kala Namak in den Rührbecher geben und mit dem Stabmixer kräftig verrühren.

> Das Öl zunächst tröpfchenweise dazugeben und jeweils untermixen, dann in einem dünnen Strahl bei laufendem Stabmixer dazulaufen lassen und weitermixen, bis eine cremige Mayonnaise entstanden ist.

> Vegane Mayonnaise mit Zitronensaft, Agavendicksaft, Salz und weißem Pfeffer abschmecken.

Zutaten für je 4 Personen

Für die Mayonnaise:
> 1 Knoblauchzehe (nach Belieben)
> 1 Ei (Gr. M) • 2–3 TL Weißweinessig
> 2–3 TL Zitronensaft
> 1 ½ TL Dijon-Senf • Salz
> 170 ml neutrales Pflanzenöl
> 2–3 TL Agavendicksaft
> 1 EL Schmand • weißer Pfeffer

Für die vegane Mayonnaise:
> 1 Knoblauchzehe (nach Belieben)
> 75 g Sojacreme • 1 ½ TL Rotweinessig
> 2–3 TL Zitronensaft • 1 ½ TL Dijon-Senf
> 1–2 TL Agavendicksaft
> Salz • Kala Namak (ind. Schwefelsalz)
> 120 ml Walnussöl
> weißer Pfeffer

• MAYO-VARIANTEN •

Für je ½ Rezept (vegane) Mayonnaise oder 120 g Salatmayonnaise (Fertigprodukt)

> **Knoblauch-Mayo:** 2 geschälte Knoblauchzehen dazupressen. Mit weißem Pfeffer leicht pfeffrig abschmecken.

> **Cocktail-Mayo:** Mayo mit 4 TL Tomatenketchup, 1 TL Meerrettich (aus dem Glas) und ½ TL Dijon-Senf verrühren.

> **Senf-Meerrettich-Mayo:** Mayo mit je 2 TL Meerrettich (aus dem Glas; für die vegane Variante veganen Bio-Meerettich) und Dijon-Senf verrühren. Mit Honig (vegan: Agavendicksaft) abschmecken.

> **Trüffel-Mayo:** (Vegane) Mayonnaise mit 2 TL Trüffelöl verrühren.

> **Limetten-Mayo:** Bei der (veganen) Mayonnaise Essig und Zitronensaft komplett durch Limettensaft ersetzen, ½ geschälte Knoblauchzehe mit durchmixen und noch die abgeriebene Schale von 1 Bio-Limette unterrühren. Bei der Salatmayo 1 EL Limettensaft unterrühren, ½ Knoblauchzehe dazupressen und noch die abgeriebene Schale von 1 Bio-Limette unterrühren.

> **Joppie-Mayo:** 1 Schalotte in sehr feine Würfel schneiden und mit 1 TL Zucker mischen, bis sich der Zucker fast vollständig gelöst hat. Mit Mayo, 1 Msp. Tomatenmark, 1 Msp. mittelscharfem Senf, 1 bis 2 Msp. Currypulver und 1 Prise gemahlener Kurkuma verrühren. Mit Salz oder Selleriesalz abschmecken.

> **Kräuter-Mayo:** ½ geschälte Knoblauchzehe dazupressen, 1 TL Thymian und Rosmarin (gemischt) und 2 TL Basilikum (jeweils fein gehackt) unterrühren und 10 Minuten ziehen lassen.

> **Béarnaise-Mayo:** 1 Schalotte schälen und in feine Würfel schneiden. 2 TL Butter (für die vegane Variante Öl) in einer Pfanne erhitzen, die Schalottenwürfel darin glasig dünsten und lauwarm abkühlen lassen. Dann mit der Mayo, 2 TL Weißweinessig, 1 TL Honig (vegan: Agavendicksaft), ½ TL gemahlener Kurkuma und je 1 EL Estragon und Kerbel (jeweils fein gehackt) verrühren. Mit Salz und Pfeffer abschmecken.

> **Dänische Remoulade:** Hierfür nur 50 g Mayonnaise verwenden. 50 g Mixed Pickles (zu gleichen Anteilen Blumenkohl, Gurke und Silberzwiebeln) und 1 EL Sauerkraut sehr fein hacken. Mit der Mayonnaise, 30 g griechischem Joghurt (vegan: Sojajoghurt), 1 TL mittelscharfem Senf, 2 TL Aprikosen-Konfitüre oder Mango-Ketchup (S. 116), 1 TL Pickles-Sud, 1 TL Limettensaft und ½ TL Currypulver verrühren. Nach Belieben noch mit etwas Salz abschmecken.

> **Wasabi-Mayo:** (Vegane) Mayonnaise mit 1 EL Limettensaft und 1 TL Wasabipulver verrühren.

> **Miso-Mayo:** (Vegane) Mayonnaise mit 2 TL heller Miso-Paste (aus dem Asialaden) verrühren. Mit Honig (vegan: Agavendicksaft) abschmecken.

> **Schnittlauch-Dip:** 1 Knoblauchzehe zur (veganen) Mayonnaise pressen, 1 TL Dijon-Senf und 3 EL Schnittlauchröllchen unterrühren.

MANGO-KETCHUP

HOT-CHILI-SAUCE

TOMATENKETCHUP

GURKEN-APFEL-
RELISH

PESTO ALLA
GENOVESE

GUACAMOLE

FRESH PINE-
APPLE SALSA

WHISKEY-
BARBECUE-SAUCE

· MANGO-KETCHUP ·

> Zwiebel und Knoblauch schälen und mit dem Mangofruchtfleisch in kleine Würfel schneiden. Alles mit Zucker, Essig, Currypulver und 1 Prise Salz aufkochen, mit schräg aufgelegtem Deckel bei schwacher Hitze 8 bis 10 Minuten köcheln lassen.

> Den Topf vom Herd nehmen und die Mischung fein pürieren. Den Senf unterrühren, das Mango-Ketchup mit Salz und Cayennepfeffer abschmecken. In eine Glasflasche oder ein Twist-off-Glas füllen und verschließen oder abkühlen lassen und in eine Squeeze-Flasche füllen.

Für klassisches Tomatenketchup

70 ml Apfelessig, 70 g Zucker, 100 g Tomatenmark und 100 ml Wasser mit 1 Msp. Knoblauchpulver und etwas Salz in einem Topf zum Kochen bringen und mit schräg aufgelegtem Deckel bei mittlerer Hitze 5 bis 7 Minuten dicklich einkochen. 1 TL Paprikapulver (edelsüß) und 1 Msp. Dijon-Senf unterrühren. Das Ketchup mit Salz abschmecken und in eine Glasflasche oder ein Twist-off-Glas (etwa 300 ml) füllen und verschließen oder abkühlen lassen und in eine Squeeze-Flasche füllen.

· GURKEN-APFEL-RELISH ·

> Apfel schälen, halbieren und das Kerngehäuse entfernen. Gurke schälen. Beides sehr klein schneiden. Zwiebel schälen und in feine Würfel schneiden. Alles mit Essig, Zucker und Gewürzen aufkochen und etwa 3 Minuten einkochen lassen. Speisestärke mit wenig Wasser glatt rühren und das Relish damit binden.

> Das Relish vom Herd nehmen, mit Salz und Pfeffer abschmecken und den Dill unterrühren. Das Relish in ein sauberes Twist-off-Glas füllen, verschließen und abkühlen lassen.

Zutaten für je 300 ml

Für das Mango-Ketchup:
> 1 kleine Zwiebel
> 1 Knoblauchzehe
> 200 g Mango-Fruchtfleisch
> 50 g Zucker • 75 ml Apfelessig
> ½ TL Currypulver
> Salz • 1 TL Dijon-Senf
> Cayennepfeffer

Für das Gurken-Apfel-Relish:
> ½ Apfel • 200 g Salatgurke
> 1 Zwiebel • 75 ml Apfelessig
> 50 g Rohrohrzucker
> 1 TL Ingwerpulver
> 1 TL gemahlene Kurkuma
> 1 EL gelbe Senfsamen • etwas Speisestärke
> Salz • Pfeffer aus der Mühle
> 1 EL gehackter Dill

· HOT-CHILI-SAUCE ·

> Die Zwiebel und den Knoblauch schälen, die Peperonischoten halbieren, entkernen und waschen. Alles in kleine Würfel schneiden. Das Öl in einer Pfanne erhitzen, Zwiebel-, Knoblauch- und Chiliwürfel darin andünsten.

> Den Zucker dazugeben und leicht karamellisieren. Essig und 100 ml Wasser dazugießen, leicht salzen, zum Kochen bringen und mit schräg aufgelegtem Deckel bei schwacher bis mittlerer Hitze 3 bis 4 Minuten köcheln lassen.

> Tomatenmark unterrühren und noch kurz weiterköcheln. Sauce mit Salz, Pfeffer und Worcestershiresauce abschmecken.

> Die Hot-Chili-Sauce in eine Glasflasche füllen und verschließen oder abkühlen lassen und in eine Squeeze-Flasche füllen.

· WHISKEY-BARBECUE-SAUCE ·

> Tomatenmark, Worcestershiresauce, Essig und Chiliflocken verrühren. Den Knoblauch schälen und dazupressen.

> Den Zucker in einem Topf hellbraun karamellisieren. Mit dem Whiskey und dem Orangensaft ablöschen und rühren, bis sich der Zucker gelöst hat.

> 2 TL Rauchsalz und die angerührte Würzmischung dazugeben. Sauce 5 bis 7 Minuten dicklich einkochen lassen, dabei immer wieder umrühren. Mit Pfeffer und Rauchsalz abschmecken. In eine Glasflasche füllen und verschließen oder abkühlen lassen und in eine Squeeze-Flasche füllen.

Zutaten

Für die Hot-Chili-Sauce (200 ml):
> 1 Zwiebel • 1 Knoblauchzehe
> 2 rote Peperonischoten
> 1 EL Öl • 30 g Rohrohrzucker
> 50 ml Apfelessig • Salz
> 50 g Tomatenmark
> Pfeffer aus der Mühle
> Worcestershiresauce

Für die Whiskey-Barbecue-Sauce (300 ml):
> je 4 EL Tomatenmark, Worcestershiresauce und Apfelessig
> 2 TL Chipotle-Flocken
> 2 Knoblauchzehen
> 100 g brauner Rohrzucker
> 200 ml Whiskey • 100 ml Orangensaft
> dänisches Rauchsalz • Pfeffer a.d. Mühle

· FRESH PINEAPPLE SALSA ·

> Die Zwiebel und den Knoblauch schälen, die Chilischote längs halbieren, entkernen und waschen. Alles in feine Würfel schneiden. Koriandergrün waschen und trocken schütteln, die Blätter abzupfen und fein hacken. Das Ananasfruchtfleisch in kleine Würfel schneiden.

> Alle vorbereiteten Zutaten mit Limettensaft und Agavendicksaft mischen, leicht salzen und 10 Minuten ziehen lassen. Dann die Salsa mit Salz abschmecken und frisch servieren.

· JALAPEÑO-SALSA ·

> Die Zwiebel und den Knoblauch schälen, die Jalapeños längs halbieren und entkernen (am besten mit Handschuhen arbeiten!). Alles mit der Gurke in feine Würfel schneiden.

> Die vorbereiteten Zutaten mit Zucker und grünem Pfeffer in einem Topf zum Kochen bringen und bei schwacher bis mittlerer Hitze 5 Minuten köcheln lassen.

> Den Essig hinzufügen und alles noch 1 bis 2 Minuten weitergaren.

> Speisestärke mit wenig Wasser glatt rühren und die Salsa damit binden. Die Salsa mit Salz abschmecken, in ein sauberes Twist-off-Glas füllen, verschließen und abkühlen lassen.

Zutaten

Für die Fresh Pineapple Salsa (für 4 Personen):
> ½ rote Zwiebel • 1 Knoblauchzehe
> 1 rote Chilischote
> ½ Bund Koriandergrün
> 200 g Ananasfruchtfleisch
> 1 EL Limettensaft
> 2 TL Agavendicksaft • Salz

Für die Jalapeño-Salsa (200 ml):
> 1 Zwiebel • 2 Knoblauchzehen
> 3 Jalapeño-Schoten
> 1 große Essiggurke (ca. 50 g)
> 50 g Rohrohrzucker
> 1 TL eingelegter grüner Pfeffer
> 50 ml Apfelessig • etwas Speisestärke
> Salz

· GUACAMOLE ·

> Die Avocado halbieren und den Kern entfernen. Die Avocadohälften schälen und das Fruchtfleisch mit dem Limettensaft zerdrücken. Die Schalotte und den Knoblauch schälen und in feine Würfel schneiden. Beides zur Avocado geben.

> Die Tomate waschen, vierteln, entkernen und in kleine Würfel schneiden. Ebenfalls unterrühren. Guacamole mit Salz, Pfeffer, Cayennepfeffer und nach Belieben 1 Prise Kreuzkümmel abschmecken und 5 bis 10 Minuten durchziehen lassen.

· MOJO VERDE PICANTE ·

> Die Jalapeño längs halbieren, entkernen, waschen und klein schneiden (am besten mit Handschuhen arbeiten!). Kräuter waschen und trocken schleudern, die Blätter abzupfen. Den Knoblauch schälen.

> Die vorbereiteten Zutaten mit Olivenöl, Essig, Honig und Kreuzkümmel im Blitzhacker oder mit dem Stabmixer pürieren. Mojo mit Salz und Pfeffer würzen und frisch servieren.

Zutaten für je 4 Personen

Für die Guacamole:
> 1 kleine Avocado (Sorte Hass)
> 2 EL Limettensaft
> 1 Schalotte • 1 Knoblauchzehe
> ½ Tomate
> Salz • Pfeffer aus der Mühle
> Cayennepfeffer
> gemahlener Kreuzkümmel (nach Belieben)

Für die Mojo verde picante:
> 1 Jalapeño-Schote
> 30 g Petersilie • 15 g Koriandergrün
> 2 Knoblauchzehen
> 50 ml Olivenöl
> 2 EL Weißweinessig
> 1 TL Honig • 1 Msp. Kreuzkümmel
> Salz • Pfeffer aus der Mühle

· PESTO ALLA GENOVESE ·

▶ Basilikum waschen und trocken schleudern, die Blätter abzupfen. Knoblauch schälen und in grobe Würfel schneiden. Pinienkerne in einer Pfanne ohne Fett goldbraun rösten und sofort wieder herausnehmen. Den Käse fein reiben.

▶ Basilikum, Knoblauch, Pinienkerne, beide Ölsorten und den Parmesan im Blitzhacker zu einem feinen Pesto hacken.

▶ Den Pecorino unterrühren und das Pesto mit Salz, Pfeffer, wenig Honig und etwas Zitronensaft abschmecken.

▶ Pesto in ein sauberes Twist-off-Glas füllen, mit Öl bedecken, verschließen und bis zur Verwendung kühl stellen. Das Pesto ist auf diese Weise mindestens 1 Woche haltbar.

· SCHALOTTEN-CONFIT ·

▶ Die Schalotten schälen und in feine Streifen schneiden. Das Olivenöl in einem Topf erhitzen und die Schalottenstreifen darin mit der Zimtstange, dem Rosmarin und der Wacholderbeere 3 Minuten andünsten.

▶ Rotwein, Aceto balsamico und 50 ml Wasser dazugießen und bei mittlerer Hitze offen 6 bis 8 Minuten köcheln lassen.

▶ Dann Gelierzucker und 1 Prise Salz hinzufügen, aufkochen und 2 bis 3 Minuten sprudelnd kochen.

▶ Den Rosmarin entfernen. Das Confit in ein sauberes Twist-off-Glas füllen, verschließen und abkühlen lassen.

Zutaten

Für das Pesto alla genovese (für 4 Personen):
▶ 60 g Basilikum • ½ Knoblauchzehe
▶ 2 EL Pinienkerne • 30 g Parmesan
▶ 20 g Pecorino (oder insg. 50 g Parmesan)
▶ 2 EL Olivenöl • 60 ml neutrales Öl
▶ Salz • Pfeffer aus der Mühle
▶ Honig • Zitronensaft • Öl zum Bedecken

Für das Schalotten-Confit (250 ml):
▶ 150 g Schalotten • 2 EL Olivenöl
▶ ½ Zimtstange • 1 Zweig Rosmarin
▶ 1 Wacholderbeere
▶ 100 ml trockener Rotwein
▶ 50 ml Aceto balsamico
▶ 100 g Gelierzucker (2:1)
▶ Salz

· MINZ-JOGHURT ·

> Joghurt, Olivenöl, Zitronensaft, Essig und Honig verrühren. Den Knoblauch schälen und dazupressen. Mit Salz und Pfeffer würzen.

> Die Minze waschen und trocken tupfen, die Blätter abzupfen und in feine Streifen schneiden. Unter den Joghurt rühren und vor dem Servieren 5 Minuten durchziehen lassen.

Für Tsatsiki 50 g Gurke schälen, halbieren, entkernen und raspeln. Mit etwas Salz mischen und 30 Minuten ziehen lassen. Inzwischen das Rezept wie links beschrieben zubereiten, jedoch noch nicht salzen, 1 ganze Knoblauchzehe verwenden und die Minze weglassen. Die Gurke in einem Sieb kräftig ausdrücken, dann unter den Joghurt rühren. 1 Stiel Dill waschen und trocken tupfen, Spitzen abzupfen, fein hacken und unterrühren. Tsatsiki mit Salz und Pfeffer würzen.

· SESAMSAUCE ·

> Sesammus mit 4 EL Wasser, dem Limettensaft und dem Honig glatt rühren. Knoblauch schälen und dazupressen. Die Sesamsauce mit Salz und Cayennepfeffer würzen.

> Für eine orientalische Note nach Belieben noch je 1 Prise gemahlenen Kreuzkümmel und Koriander unterrühren.

Zutaten für je 4 Personen

Für den Minz-Joghurt:
> 150 g griechischer Joghurt (10 % Fett)
> je 1 EL Olivenöl und Zitronensaft
> 2 TL Weißweinessig
> ½ TL Honig
> ½ Knoblauchzehe
> Salz • Pfeffer aus der Mühle
> 3 Stiele Minze

Für die Sesamsauce:
> 70 g Sesammus (Tahin)
> 2 EL Limettensaft
> 2 TL Honig (vegan: Agavendicksaft)
> ½ Knoblauchzehe
> Salz • Cayennepfeffer
> gemahlener Kreuzkümmel und Koriander (nach Belieben)

SÜSSKARTOFFEL-FRIES

FRITTIERTE ZWIEBELRINGE

KARTOFFEL WEDGES

CHILI-ZITRUS-
MAISKOLBEN

GURKEN-PICKLES

ROTE-BETE-
PICKLES

MARINIERTE
MÖHREN

· FRITTIERTE ZWIEBELRINGE ·

❯ 2 EL Mehl mit Gewürzen und ½ TL Salz mischen. Zwiebelringe darin wenden.

❯ Ei trennen, Eigelb mit übrigem Mehl, Backpulver, Bier und Salz verrühren und 10 Minuten ruhen lassen. Eiweiß zu steifem Schnee schlagen und unterheben. Semmelbrösel auf einen Teller häufen.

❯ In einem Topf 5 cm hoch Öl erhitzen. Sobald an einem in das Öl gehaltenen Holzstäbchen Bläschen aufsteigen, ist das Öl heiß genug. Zwiebelringe portionsweise durch den Teig ziehen, dann in den Bröseln wenden und im Fett hellbraun frittieren. Herausnehmen, abtropfen und abkühlen lassen, dabei werden die Ringe wieder weich.

❯ Zum Servieren Zwiebelringe erneut, diesmal goldbraun und knusprig, frittieren. Abtropfen lassen und noch heiß servieren.

· RÖSTZWIEBELN ·

❯ Zwiebeln schälen, zunächst in schmale Streifen und diese noch etwas klein schneiden. Mit ½ TL Salz und Räuchersalz mischen, 15 Minuten ruhen lassen.

❯ Zwiebeln auf ein Küchentuch legen, dieses über den Zwiebelstücken zusammendrehen und fest ausdrücken, sodass möglichst viel Zwiebelsaft austritt.

❯ Zwiebeln mit Mehl bestäuben, durchmischen und noch einmal 5 Minuten ruhen lassen. Dann auf einem Sieb überschüssiges Mehl vorsichtig abklopfen.

❯ Backofen auf 80 °C Umluft vorheizen. In einer großen Pfanne 3 cm hoch Öl erhitzen und Zwiebelstücke darin bei mittlerer Hitze 8 bis 10 Minuten goldbraun ausbacken. Herausheben, überschüssiges Öl ablaufen lassen. Zwiebeln auf Küchenpapier abtropfen lassen und auf einem mit Backpapier belegten Backblech im Ofen 10 bis 15 Minuten knusprig backen.

Zutaten für je 4 Personen

Für die frittierten Zwiebelringe:
❯ 110 g Mehl • je ½ TL Cayennepfeffer, Paprikapulver (edelsüß) und Currypulver
❯ Salz • 1 Gemüsezwiebel (in 1 cm dicken Scheiben)
❯ 1 Ei (Gr. M) • ½ TL Backpulver
❯ 80 ml Bier (Pils) • ca. 50 g Semmelbrösel
❯ Öl zum Ausbacken

Für die Röstzwiebeln:
❯ 3 Zwiebeln
❯ Salz
❯ ½ TL Räuchersalz
❯ 4 EL Mehl
❯ Öl zum Ausbacken

· ROTE-BETE-PICKLES ·

› Die Roten Beten waschen, in einem Topf knapp mit Wasser bedeckt zum Kochen bringen und zugedeckt bei schwacher Hitze etwa 40 Minuten garen. Abgießen und etwas ausdampfen lassen.

› Die Roten Beten schälen, in Scheiben schneiden und in ein sauberes Twist-Off-Glas füllen. Nach Belieben noch Dill dazugeben. Schalotte und Knoblauch schälen und in Ringe bzw. Scheiben schneiden.

› Schalotte und Knoblauch mit Essig, Lorbeerblatt, Pfeffer- und Senfkörnern sowie ½ TL Salz aufkochen, dann bei schwacher Hitze 1 Minute ziehen lassen.

› Den Sud über die Roten Beten gießen, sodass diese gut bedeckt sind. Das Glas verschließen, Pickles abkühlen und über Nacht durchziehen lassen. Sie sind ungeöffnet mindestens 2 Monate haltbar.

· GURKEN-PICKLES ·

› Die Gurke waschen und in dünne Scheiben schneiden. Mit ½ TL Salz mischen und auf einem Sieb 30 Minuten abtropfen lassen.

› Den Dill waschen und trocken tupfen, die Spitzen abzupfen. Gurken und Dillspitzen in ein sauberes Twist-off-Glas füllen.

› Zwiebel schälen und in Ringe schneiden. Essig mit 50 ml Wasser, Zucker, Zwiebel und Senfkörnern aufkochen und 1 Minute ziehen lassen. Den Sud über die Gurken gießen, sodass diese gut bedeckt sind. Glas verschließen, Pickles abkühlen und über Nacht durchziehen lassen. Ungeöffnet mindestens 2 Monate haltbar.

Zutaten für je 400 ml

Für die Rote-Bete-Pickles:
› 4 kleine Rote Beten (à ca. 100 g)
› Spitzen von 1 Stiel Dill (nach Belieben)
› 1 Schalotte • 1 Knoblauchzehe
› 100 ml weinwürziger Essig
› 1 Lorbeerblatt
› 10 schwarze Pfefferkörner
› ½ TL gelbe Senfkörner • Salz

Für die Gurken-Pickles:
› 200 g Salatgurke • Salz
› 2 Stiele Dill
› 1 kleine Zwiebel
› 150 ml Weißweinessig
› 3 EL Rohrohrzucker
› 1 TL gelbe Senfkörner

KARTOFFEL-WEDGES

TIPP

Qual der Wahl: Zu den
Kartoffel-Wedges passen
neben Mayonnaise nach
Geschmack (S.112/113),
Whiskey-Barbecue-Sauce
und Hot-Chili-Sauce
(beides S.117) auch Mojo
verde picante oder Gua-
camole (beides S.119)
hervorragend.

> Den Backofen samt Backblech auf 220 °C vorheizen. Die Kartoffeln gründlich waschen und trocken tupfen, dann in Spalten schneiden.

> In einer Schüssel Kartoffelstärke, Gewürze und Oregano mischen und die Kartoffelspalten darin wenden. Das Olivenöl dazugeben und alles gut mischen. Auf einem Bogen Backpapier verteilen.

> Das Blech aus dem Ofen nehmen und das Backpapier vorsichtig daraufziehen. Die Kartoffelspalten auf der mittleren Schiene 30 bis 35 Minuten backen, bis sie leicht gebräunt sind, dabei nach 20 Minuten einmal wenden. Aus dem Ofen nehmen und sofort servieren.

Zutaten
für 4 Personen

> 1 kg vorwiegend festkochende Kartoffeln
> 1 EL Kartoffelstärke
> 1 EL Paprikapulver (edelsüß)
> 1 TL Cayennepfeffer
> 1 EL Knoblauchpulver
> 1 EL getrockneter Oregano
> 4 EL Olivenöl

SÜSSKARTOFFEL-FRIES

▶ Den Backofen samt Backblech auf 220 °C vorheizen. Die Süßkartoffeln schälen, dann zuerst längs in etwa 1 cm dicke Scheiben, danach in Stifte schneiden.

▶ In einer Schüssel Kartoffelstärke, Gewürze und Sesam mischen und die Süßkartoffelstifte darin wenden. Das Olivenöl dazugeben und alles gut mischen. Auf einem Bogen Backpapier verteilen.

▶ Das Blech aus dem Ofen nehmen und das Backpapier vorsichtig daraufziehen. Die Süßkartoffelstifte auf der mittleren Schiene 25 bis 28 Minuten backen, bis sie leicht gebräunt sind, dabei nach 20 Minuten einmal wenden. Aus dem Ofen nehmen und sofort servieren.

TIPP

Dazu passt z.B. Mayonnaise nach Geschmack (S. 112/113), Whiskey-Barbecue-Sauce (S. 117) oder Mango-Ketchup (S. 116).

Zutaten für 4 Personen

▶ 1 kg Süßkartoffeln
▶ 2 EL Kartoffelstärke
▶ 2 TL Paprikapulver (edelsüß)
▶ 2 TL gemahlener Kreuzkümmel
▶ 2 TL gemahlener Koriander
▶ 1 EL helle Sesamsamen
▶ 4 EL Olivenöl

· SALBEI-ZUCCHINI ·

▶ Die Zucchini putzen, waschen und in große Würfel schneiden. Knoblauch schälen und in feine Würfel schneiden. Den Salbei waschen und trocken tupfen, die Blätter abzupfen und in feine Streifen schneiden. Tomaten abtropfen lassen und in Streifen schneiden.

▶ Die Pinienkerne in einer Pfanne ohne Fett goldbraun rösten und wieder herausnehmen. Olivenöl in der Pfanne erhitzen, Zucchiniwürfel, Salbei und Speck darin 2 bis 3 Minuten anbraten.

▶ Butter, Tomatenstreifen und Knoblauch dazugeben und bei schwacher Hitze 3 bis 4 Minuten weiterdünsten. Pinienkerne, Honig und Zitronensaft untermischen, noch kurz ziehen lassen. Die Salbei-Zucchini mit Salz und Pfeffer würzen und noch warm servieren.

· VEGGIE-WURST-SPIESSE ·

▶ Zucchini putzen, waschen und in insgesamt 16 Scheiben schneiden. Paprika längs halbieren, entkernen, waschen und in 16 Stücke schneiden. Würstchen in 16 dicke Scheiben schneiden. Zwiebel in Spalten schneiden, in 16 Stücke teilen.

▶ Alles mit den Tomaten abwechselnd auf 8 Metallspieße (à etwa 20 cm) stecken.

▶ Für die Marinade den Rosmarin waschen und trocken tupfen, die Nadeln abzupfen und fein hacken. Olivenöl, Honig und Zitronensaft mit Rosmarin und Gewürzen verrühren. Knoblauch schälen und dazupressen. Mit Salz und Pfeffer würzen.

▶ Die Spieße mit der Marinade bepinseln und 1 Stunde marinieren. Dann in einer Pfanne in etwas Olivenöl braten oder auf dem Grill garen, bis die Spieße rundum leicht gebräunt sind. Dazu passt Knoblauch-Mayo (S. 113), Mojo verde picante (S. 119) oder Minz-Joghurt (S. 121).

Zutaten für je 4 Personen

Für die Salbei-Zucchini:
- 400 g Zucchini · 1 Knoblauchzehe
- 2 Stiele Salbei · 6 getrocknete Tomaten (in Öl eingelegt)
- 2 EL Pinienkerne · 1 EL Olivenöl
- 2 EL Speckwürfel · 1 EL Butter
- 1 TL Honig · 2 TL Zitronensaft
- Salz · Pfeffer aus der Mühle

Für die Veggie-Wurst-Spieße:
- 2 kleine Zucchini · 1 rote Paprikaschote
- 200 g vegetarische Quorn-Grillwürste
- ½ rote Zwiebel · 12 Kirschtomaten
- 1 Zweig Rosmarin · 2 EL Olivenöl
- 2 EL Honig · 1 EL Zitronensaft
- ½ TL Paprikapulver (edelsüß)
- 1 Msp. Kreuzkümmel · Cayennepfeffer
- 2 Knoblauchzehen · Salz · Pfeffer

· CHILI-ZITRUS-MAISKOLBEN ·

> Die Zitrone heiß waschen, trocken reiben, die Schale fein abreiben und den Saft auspressen. Knoblauch schälen, die Chilischote längs halbieren, entkernen und waschen. Beides in feine Würfel schneiden. Koriander waschen und trocken tupfen, die Blätter abzupfen und fein hacken.

> Die Butter mit Honig, Knoblauch, Chili, Koriander, Zitronenschale und 3 EL Zitronensaft verrühren. Mit Salz und Zitronensaft abschmecken.

> Maiskolben mit Öl einreiben und auf dem nicht zu heißen Grill etwa 15 Minuten grillen, bis sie leicht gebräunt sind, dabei hin und wieder wenden. Maiskolben auf Holzspießchen stecken, mit Salz und Pfeffer würzen. Die Chili-Zitronen-Butter auf dem Mais schmelzen lassen.

· MARINIERTE MÖHREN ·

> Möhren putzen, schälen und schräg in Scheiben schneiden. In einem Topf mit Dämpfeinsatz über kochendem Wasser etwa 5 Minuten bissfest dämpfen, dabei in der letzten Minute Rosinen dazugeben.

> Limettensaft, Honig, Kreuzkümmel und Koriander verrühren, Olivenöl unterrühren. Mit Salz und Pfeffer würzen. Die Möhren und Rosinen in ein Sieb abgießen, kalt abschrecken und abtropfen lassen. Mit der Marinade mischen und mindestens 10 Minuten durchziehen lassen.

> Pinienkerne in einer Pfanne ohne Fett goldbraun rösten und sofort herausnehmen. Kräuter waschen und trocken tupfen, die Blätter abzupfen und fein hacken. Alles mit den Möhren mischen. Mit Salz und Pfeffer würzen.

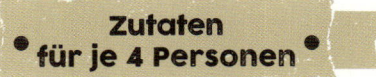

**Zutaten
für je 4 Personen**

Für die Chili-Zitrus-Maiskolben:
> 1 Bio-Zitrone • 1 Knoblauchzehe
> 1 kleine rote Chilischote
> 2 Stiele Koriander
> 100 g weiche Butter
> 1 TL Honig • Salz
> 4 vorgegarte Maiskolben
> 1–2 EL Öl • Pfeffer aus der Mühle

Für die marinierten Möhren:
> 400 g Möhren • 2 EL Rosinen
> 2 EL Limettensaft • 1 TL Honig
> je ½ TL gemahlener Kreuzkümmel und Koriander • 2 EL Olivenöl
> Salz • Pfeffer aus der Mühle
> 2 EL Pinienkerne
> je 1 Stiel Petersilie und Minze

COUSCOUS-SALAT

KRAUTSALAT

LINSENSALAT

KARTOFFEL-
SALAT

COLESLAW

BUNTER SALAT

· COLESLAW ·

❯ Für das Dressing Mayonnaise und saure Sahne mit Essig, Zitronensaft und Zucker verrühren, mit Salz und Pfeffer würzen.

❯ Den Spitzkohl waschen und in feine Streifen schneiden. Die Möhren putzen, schälen und mit der Gemüsereibe raspeln. Den Mais auf einem Sieb abtropfen lassen.

❯ Das Gemüse mit dem Dressing mischen und 10 Minuten durchziehen lassen. Zum Servieren den Coleslaw nochmals mit Salz und Pfeffer abschmecken.

· COUSCOUS-SALAT ·

❯ In einem Topf 200 ml Wasser mit Kreuzkümmel, 1 Prise Zimt und etwas Salz aufkochen. Couscous einrieseln und 1 Minute kochen lassen. Dann vom Herd ziehen und zugedeckt 10 Minuten quellen lassen.

❯ Kräuter waschen und trocken schleudern, Blätter abzupfen und fein hacken. Tomaten waschen, vierteln und entkernen, dabei die Stielansätze entfernen. Tomatenviertel in kleine Würfel schneiden.

❯ Pinienkerne in einer Pfanne ohne Fett goldbraun rösten, wieder herausnehmen.

❯ Zitronensaft, Essig und Honig verrühren, Olivenöl unterschlagen. Knoblauch schälen und dazupressen. Mit Salz und Pfeffer würzen. Tomatenwürfel dazugeben und kurz marinieren. Couscous mit einer Gabel auflockern und mit Tomaten, Kräutern und Pinienkernen mischen. Den Couscous-Salat sofort servieren.

Zutaten für je 4 Personen

Für den Coleslaw:
- ❯ 80 g Salat-Mayonnaise
- ❯ 100 g saure Sahne
- ❯ 1 EL Weißweinessig
- ❯ 2 EL Zitronensaft • 1 EL Zucker
- ❯ Salz • Pfeffer aus der Mühle
- ❯ 300 g Spitzkohl • 150 g Möhren
- ❯ 140 g Mais (aus der Dose)

Für den Couscous-Salat:
- ❯ ½ TL gemahlener Kreuzkümmel
- ❯ Zimtpulver • Salz
- ❯ 100 g Couscous • 80 g Petersilie
- ❯ 30 g Minze • 6 Tomaten
- ❯ 2 EL Pinienkerne • 1 EL Zitronensaft
- ❯ 1 EL Rotweinessig • 2 TL Honig
- ❯ 1 EL Olivenöl • 1 Knoblauchzehe
- ❯ Pfeffer aus der Mühle

· EXOTISCHER MÖHRENSALAT ·

➤ Möhren putzen, schälen und raspeln. Mango schälen, Fruchtfleisch vom Stein und dann in feine Streifen schneiden. Frühlingszwiebeln putzen, waschen und in feine Ringe schneiden. Kürbiskerne ohne Fett rösten, bis sie sich knackend aufgebläht haben. Sofort herausnehmen.

➤ Ingwer, Zitrussäfte, Honig, Öl und etwas Kardamom verrühren. Mit Salz, Pfeffer und ein paar Spritzern Fischsauce würzen.

➤ Möhrenraspel, Mangostreifen, die Hälfte der Frühlingszwiebelringe und die Kürbiskerne mit dem Dressing mischen und 3 Minuten durchziehen lassen. Mit Salz, Pfeffer und Fischsauce abschmecken.

➤ Salat auf Schälchen verteilen und restliche Frühlingszwiebelringe darüberstreuen. Wer mag, rührt noch 2 EL gehackte Korianderblätter unter den Salat und streut 1 weiteren EL Koriander darüber.

· MAIS-BOHNEN-SALAT ·

➤ Bohnen und Mais nacheinander in ein Sieb abgießen, kalt abspülen und abtropfen lassen. Paprika längs halbieren, entkernen, waschen und klein würfeln. Zwiebel schälen und fein würfeln.

➤ Limettensaft, 1 EL Essig und Agavendicksaft mit Gewürzen verrühren. Geschälten Knoblauch dazupressen, Öl unterschlagen, salzen, pfeffern. Gemüse und Zwiebel dazugeben, kurz durchziehen lassen.

➤ Tomaten waschen, halbieren und entkernen, dabei Stielansätze entfernen. Tomatenhälften in kleine Würfel schneiden. Avocado halbieren und entkernen. Hälften schälen und klein würfeln. Koriander waschen und trocken tupfen, Blätter abzupfen und klein zupfen. Alles unter den Salat mischen. Mit Essig, Salz und Pfeffer abschmecken. Nach Belieben noch kurz vor dem Servieren 30 g Nachos grob zerbröseln und darüberstreuen.

Zutaten für je 4 Personen

Für den exotischen Möhrensalat:
➤ 400 g Möhren • ½ Mango (nicht zu reif)
➤ 2 Frühlingszwiebeln
➤ 40 g Kürbiskerne
➤ 20 g Ingwer (fein gerieben)
➤ je 4 EL Orangen- und Zitronensaft
➤ 2 EL Honig • 4 EL Rapsöl
➤ gemahlener Kardamom
➤ Salz • Pfeffer aus der Mühle • Fischsauce

Für den Mais-Bohnen-Salat:
➤ 250 g Kidney-Bohnen • 150 g Mais (Dose)
➤ 1 orange Paprikaschote • 1 rote Zwiebel
➤ 2 EL Limettensaft • 1–1½ EL Rotweinessig
➤ 1 EL Agavendicksaft • 1 TL Chipotle-Flocken
➤ ½ TL gemahlener Kreuzkümmel
➤ ½ Knoblauchzehe • 2 EL Öl • Salz • Pfeffer
➤ 2 Tomaten • 1 Avocado • 15 g Koriandergrün

· KARTOFFELSALAT ·

➤ Kartoffeln waschen und in Salzwasser etwa 20 Minuten weich garen. Inzwischen Zwiebel und Knoblauch schälen und in feine Würfel schneiden. Zwiebelwürfel in einer Pfanne im Öl glasig dünsten. Speck- und Knoblauchwürfel hinzufügen und 2 bis 3 Minuten mitdünsten.

➤ Mischung in eine Schüssel umfüllen. Mit 100 ml heißem Wasser, Senf, Honig und Brühe verrühren, salzen und pfeffern.

➤ Kartoffeln abgießen und ausdampfen lassen. Nach Belieben pellen und halbieren oder in Scheiben schneiden. Mit dem Dressing mischen und kurz ziehen lassen.

➤ Gurke waschen, längs vierteln und mit den Oliven in Scheiben schneiden. Rucola verlesen, waschen und trocken schleudern, grobe Stiele entfernen und die Blätter etwas klein zupfen. Gurke, Oliven und Rucola mit den Kartoffeln mischen.

· KRAUTSALAT ·

➤ Für das Dressing Essig, Senf, Meerrettich und Honig verrühren. Das Olivenöl unterschlagen. Mit Salz und Pfeffer würzen.

➤ Vom Weißkohl die äußeren Blätter entfernen. Den Kohl waschen und auf der Gemüsereibe raspeln. Mit dem Dressing mischen und leicht durchkneten.

➤ Die Paprika längs halbieren, entkernen, waschen und in nicht zu lange Streifen

schneiden. Den Apfel waschen und halbieren, das Kerngehäuse entfernen. Die Apfelhälften in Würfel schneiden. Beides mit dem Salat mischen. Den Krautsalat mit Salz und Pfeffer abschmecken.

➤ Nach Belieben den Salat noch mit Kräutern und Kernen verfeinern. Schmeckt auch mit Rotkohl statt Weißkohl.

Zutaten für je 4 Personen

Für den Kartoffelsalat:
➤ 700 g Drillinge • Salz
➤ 1 Zwiebel • 2 Knoblauchzehen • 1 EL Öl
➤ 100 g Speckwürfel • 1 EL Dijon-Senf
➤ 1 EL Honig • 2 TL gekörnte Gemüsebrühe
➤ Pfeffer aus der Mühle • 1 Salatgurke
➤ 100 g grüne oder schwarze Oliven (ohne Stein) • 80 g Rucola

Für den Krautsalat:
➤ 4 EL Weißweinessig • 1 TL Dijon-Senf
➤ 1 TL Meerrettich (aus dem Glas)
➤ 1 EL Honig • 2 EL Olivenöl
➤ Salz • Pfeffer aus der Mühle
➤ 500 g Weißkohl • 2 Spitzpaprikaschoten
➤ 1 Apfel • je 2 EL gehackte Kräuter (z.B. Minze) und geröstete Kerne (z.B. Sonnenblumenkerne) nach Belieben

· LINSENSALAT ·

❯ Die Linsen in reichlich Wasser 2 Stunden einweichen. Abgießen, mit ½ l Wasser zum Kochen bringen und bei schwacher Hitze zugedeckt 30 Minuten garen.

❯ Essig, Honig und Senf verrühren. Knoblauch schälen und dazupressen, Öl unterschlagen. Mit Salz und Pfeffer würzen.

❯ Zwiebel schälen und in feine Würfel schneiden. Linsen in ein Sieb abgießen und gründlich abtropfen lassen. Linsen und Zwiebel mit dem Dressing mischen und 10 Minuten durchziehen lassen.

❯ Tomaten waschen und halbieren. Basilikum waschen und trocken tupfen, Blätter abzupfen und in Streifen schneiden. Pecorino in Späne hobeln. Tomaten, Pecorino, Basilikum und Pecannüsse mit Linsen mischen. Den Linsensalat mit Salz und Pfeffer abschmecken.

· BUNTER SALAT ·

❯ Für das Dressing Essig, Zitronensaft, Honig, Meerrettich, Senf und Bärlauchpaste verrühren. Das Öl unterschlagen. Mit Salz und Pfeffer würzen.

❯ Den Salat zerpflücken, waschen und trocken schleudern. Rucola verlesen, waschen und trocken schleudern, grobe Stiele entfernen. Salatblätter und Rucola nach Belieben noch etwas kleiner zupfen.

❯ Radieschen putzen, waschen und in dünne Scheiben schneiden. Kräuter waschen, von der Minze die Blätter abzupfen und in feine Streifen schneiden. Schnittlauch in feine Röllchen schneiden. Mandeln in einer Pfanne ohne Fett goldbraun rösten.

❯ Alle vorbereiteten Zutaten in einer Schüssel mit dem Dressing mischen und den Salat sofort servieren.

Zutaten für je 4 Personen

Für den Linsensalat:
- 100 g grüne Linsen
- 3 EL Aceto balsamico
- 2 TL Honig • 2 TL Dijon-Senf
- 1 Knoblauchzehe • 2 EL Rapsöl
- Salz • Pfeffer aus der Mühle
- 1 rote Zwiebel • 250 g Kirschtomaten
- 15 g Basilikum • 80 g Pecorino (oder Parmesan) • 50 g Pecannusskerne

Für den bunten Salat:
- 2 EL Weißweinessig • 1 EL Zitronensaft
- 1 EL Honig • 1 TL Meerrettich (a.d. Glas)
- 2 TL Dijon-Senf • 1 TL Bärlauchpaste
- 4 EL Walnussöl • Salz • Pfeffer aus der Mühle
- 1 kleiner Pflücksalat • 1 Handvoll Rucola
- 1 Bund Radieschen • 2 Stiele Minze
- 1 Bund Schnittlauch • 2 EL Mandelstifte

· REGISTER ·

SALATE

SAUCEN

VEGANE BURGER

VEGETARISCHE BURGER

DER BURGER AUF DEM BUCHCOVER IST DER „BONANZA" VON SEITE 28.

Porträtfoto (S. 5):
Food and Nude Photography